デミウルゴス

途上の建築《アーキテクチュア》

Δημιουργός　Arata Isozaki

磯崎新

青土社

デ　ミ　ウ　ル　ゴ　ス

Δημιουργός

目次

デミウルゴス

途上の建築《アーキテクチュア》

I

見取り図

一

『造物主義論《デミウルゴモルフィスム》』(一九九六)、『人体の影《アントロポモルフィスム》』(二〇〇〇)、『神の似姿《テオモルフィスム》』(二〇〇一)を前世紀末から今世紀初頭にかけてまとめたとき、次のように書いた。

トリエンナーレ——結局のところ、私なりの「空間」「時間」「建築」は近代建築の創始者たちの限定された枠組みを超えて、遠くへ翔んでいってしまった。そのなかで『造物主義論』は前半だけで、後半をこれからはじめるべく準備中である。そのときあらためてウェッブ・サイトにおける問題構制が浮上するだろう。建築(の場《サイト》)がたんにウェッブ・サイトに替えられたのではない。建築は意図的に消去させられたのだ。その復活の鍵がデミウルゴスの手に握られている。そんな行方をあらためて語りたい、と私は思っている。

(『神の似姿』まえがき、鹿島出版会)

これら一連の形象《モルフィスム》主義論の中断は、リアルな場《サイト》がヴァーチャルな場《サイト》に移動したと感じた時(一九九五)だった。阪神・淡路大震災、オウム真理教サリン事件、環球ネットワーク（Windows 95）が同時に発生、騒然となった。とり急ぎ、世紀末目標で『造物主義論《デミウルゴモルフィスム》』、『人体の影《アントロポモルフィスム》』、『神の似姿《テオモルフィスム》』をとりまとめた。このとき、あらためてデミウルゴスを召喚すると予告しておきながら、世紀が変わると、九・一一、リーマンショック、三・一一と想定外と呼ばれる事件がたてつづけに発生し、私が実務としているプロジェクト制作も一寸先さえ読めない事態の急変への対処に追われ、ふっと気付くと四半世紀が過ぎていた。

この間に理解できたのは、六〇年代のメディア論を悩ませていた実体《リアル》と虚体《ヴァーチャル》の仕分けは形象論《モルフィスム》で解消できることだった。若干の因縁話がある。

「イコノクラッシュ」展（ZKM、カールスルーエ、二〇〇二）で「電気的迷宮《エレクトリック・ラビリンス》」（ミラノ・トリエンナーレXIV、一九六八・五）——開会と同時に会場が占拠され、展示物は一部破壊された——が三〇年後にあらためて再建された。一柳慧（音楽）、東松照明（写真）、杉浦康平（グラフィック）、磯崎新（都市デザイン）の共同制作で、映画にたとえれば私が制作、監督であった。当時はキネティック・アートと呼ばれたが、エレクトロニック・メディアは使用できなかったので電気的《エレクトリック》と言わざるを得ない。マルチ・メディアの展示であった。

「イコノクラッシュ」展は一九六八年の全世界同時多発文化大革命の三〇年後の再考企画であったと私は考えている。展覧会カタログ（*ICONOCLASH: Beyond the Image Wars in Science, Religion, and Art*, 2002, The MIT Pressはブリュノ・ラトゥールとピー

ICONOCLASH : *Beyond the Image Wars in Science, Religion and Art*, 2002, The MIT Press.

ター・ヴァイベルの両者が編集、数名のキュレーターとともに展覧会が編成された）の冒頭はブリュノ・ラトゥールが概要を整理（『近代の〈物神事実〉崇拝について——ならびに「聖像衝突」』荒金直人訳、以文社、二〇一七）、元来アーティストであり、ZKMのディレクターでもあるピーター・ヴァイベルが最後をしめている。「電気的迷宮」（アラタ・イソザキ）と「TVブッダ」（ナム・ジュン・パイク）が実物大の展示物で大量の参考資料の間に組み込まれた。この展覧会は二〇〇〇年に開かれる予定だったが、準備に手間取り二〇〇二年になった。二年間の遅延の間にタリバンによるバーミヤンの磨崖大仏破壊（二〇〇一・三・一二）、アルカイダによるウォール街を見下ろすWTCへの衝突（二〇〇一・九・一一）などの事件が発生し、世界は戦争状態に突入した。カタログの副題になった「イメージ・ウォーズ」が現実味を帯びた。

偶像が破壊衝動を呼び起こす。文化大革命のヴァンダリズムはイクナートンの時代からつづいている人類の革命にともなう愚行の避けがたい痕跡を印していた。エジプトでは神像やカルトゥーシュが傷つけられた。焚書があり、さらには都市が丸ごと消失する事態を列島は体験している。「ふたたび廃墟になったヒロシマ」は「何故破壊が建設のために必要なのか」の章に組み込まれている。核爆発により蒸発しゼロ度になった都市の近未来のイメージだった。メガストラクチュアで再建したにもかかわらず、ふたたび核爆発に見舞われる光景《イメージ》を描いたつもりだった（「核」抑止力信仰の危うさへのアイロニーは政治的にいまだに誤解されつづけている）。実体《リアル》が消滅し、虚体《ヴァーチャル》が浮かびあがった。ボタン戦争の誤作動でふたたび廃墟になる。

愚かさの反復である。実体《リアル》と虚体《ヴァーチャル》つまり実在と非在ではあっても、ともにイメージとしてのアイコン（像）である。非在、実在にかかわることなく、どこかで見たような模像《シミュラークル》が場所を違えて質量をもった物体として立ち現れている。そんな像《イメージ》がドバイや上海のスカイラインを形成する。現実《リアル》となったこのイメージは半世紀むかしは夢のようなユートピアだった。そもそも私たちがTV画面にみる都市や建築の光景はコンピューター内で生成された模像にすぎない。精度が上昇しそれをリアルな光景だと勘違いしている。実像か虚像かを判別できなくなった。デジタル映像としてあらわれている限り、すべて模像である。それが液晶のスクリーンに浮かんでいる。この錯誤は先史時代に彫像が彫られたときにはじまった。そもそも人類が彫像を彫ったときから、これは自然に生成された人や建物の模像《うつし》である。サッカラの壇状《マスタバ》ピラミッドの脇に日本の大嘗祭に似ている王位更新を祝う「セト祭」の祭場がある。当初はすべてが仮設で、葦を束ねて柵をつくり、祭壇を覆う屋根をつくった。注目すべきはピラミッド側の「にせ扉」。大きい扉枠のなかから神が一歩を踏みだす姿で彫られている。ある時期に毎回繰り返されてきたこの仮設の施設が神像とともに石造で再現固定された。その状態が現在まで残っている。仮設建造物の表面の姿をなぞって永久建築物として彫りだされた。このやりかたが転位して実用的な建造物の正面にファサードをとりつける型がうまれた。西欧の歴史を通じて今日にいたる建築という形式の初源となる。「にせ扉」から一歩を踏みだすカミの神像は、想像された虚構である。ミメーシスすなわち〈うつし〉である。生身ではない。不滅の願いをこめて石に表相を模刻する。その像は仮面《マスク》でもある。イメージを記号化して「徽」にする。エジプト中王朝の宗教革命者イクナートンは一神教の祖ともされるが、みずからを太陽の化身として、肖像レリーフに太陽とそこから放射する光を彫りこんだ。太陽光をみずからの統治する全域に行き渡らせていることを表象した。放射光線がパターン化され記号となる。〈うつし〉《ミメーシス》ではある。とはいえ現実《リアル》とはいえない。「徽」、つまり形象化である。

半日かけて展覧会をピーター・ヴァイベルに案内解説してもらった。マレヴィッチの三枚の黒い正方形、円形、十字形が同じサイズ（41.7×41.7インチ）の白いキャンバスに描かれた近代美術史のメルクマールとなる連作が「イコノクラッシュ」展のもうひとつの目玉展示であった。カタログでは、ý1923と記され、背後に本人の1913のサインがあると記されている。私は八〇年代のおわりにこの連作は別の展覧会でみていた。おそらくこの連作は、当時ソ連圏外で展示されその後ソ連国外に流出した作品でシュプレマティズムの形態生成を集団的に行っていたマレヴィッチ工房作であろう。ルネサンスの工房や、建築デザインのユニットのようにスタッフたちの手によると思われる。きれいに仕上げられている。コンセプトのパターンは正確にトレースされている。だがアウラに欠ける。

ソ連崩壊後にエルミタージュを再訪したとき、ペレストロイカの証拠のように秘蔵していた一九一五年とされる「白の上の黒」のオリジナル（とこのとき説明をうけた）が申し訳のように二つの窓間で逆光になってよくみえない壁にぽつんと掛けられていたのをみた。保存状態が悪く、厚塗りのオイルペイント全面に細かいひび割れがあった。推定するにシュプレマティズムのマニフェストのようにみえる「黒の正方形」のアイディアは一九一三年に着想され、一九一五年に「〇・一〇」展（サンクトペテルブルク）においてタトリンのコーナー・レリーフと共演するように発表された。そして、二〇年代になってハノーバー美術館での展覧会のために、もしくはステデリック美術館のコレクションにするために最終形ともみえる連作があらためて模作されたのではないか。背面の自筆サインにある一九一三年は現代美術の歴史的回転の日付なのだと本人が考えていた証拠であろう。

全面的なひび割れ状態をみつめていたとき黒一色に塗りつぶされた画面の下から何かの影が浮かびあがるように私は感じた。厚塗りにしてあるオイルペイントの層は下層の何かを隠すためではないのか（最近X線による検査により、立体未来派的な下絵が確認された）。マレヴィッチのモノグラフではイコン画家として出発したと記されている。この時代の下絵が黒い正方形で塗りつぶされた。状況証拠写真がある。お通夜のベッドに寝かされた遺体の背壁のイコン画が掛けられるべき位置に「黒の正方形」が掛かっている。「〇・一〇」展の記録写真では伝統的な聖像《イコン》図の置かれるコーナーの「赤い壁」と呼ばれる位置にその画はあった。それ

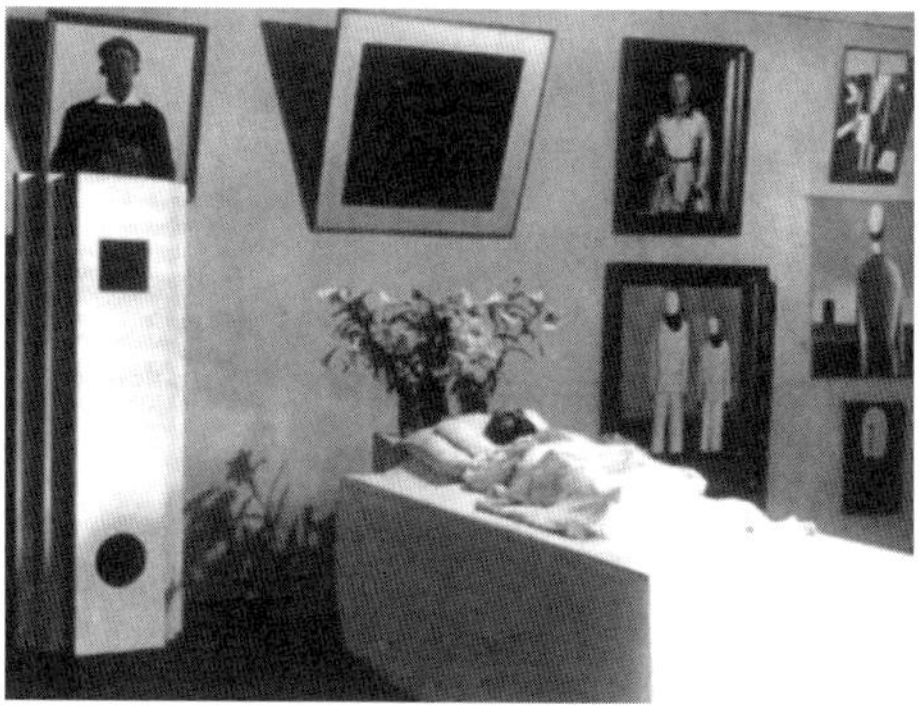

Daan van Golden
“Malevich Sleeping”（1989）

を枕元に移している。伝統的なイコン画の扱い方である。すなわちマレヴィッチにとって黒い正方形は「イコン画」なのだ。マリア像が塗りつぶされたといえるだろう。聖像を破壊する。すなわち聖像破壊《イコノクラスム》。お通夜の枕元に移された「黒の正方形」は、この聖像《イコン》画家にとっての聖像《イコン》だったのだ。ヴァイベルはこの「黒の正方形」を現代絵画のはじまりに位置づけている。四〇年後の「ふたたび廃墟になったヒロシマ」も、同じ破壊衝動の反復であったとみられても私は反論しない。美術という制度と都市という制度にたいして前者は孤独な自我が、後者は社会的意志が突き動かした。命じているのはデミウルゴスである。とはいっても、あの頃私はデミウルゴスなどという名も聞いたことがなかった。やみくもに〈アーキテクチュア〉の正体を捜していた。

西洋文明の底流にはイコン愛好症がひそんでいる。いっぽうでイコン嫌悪症が暴れることもある。その葛藤の全面的なサーベイの展覧会「イコノクラッシュ」展に「電気的迷宮」（一九六八）が再建されて組み込まれた機会に、伊勢の式年造替制をまねて「間」の二〇年後の帰還展（二〇〇〇）を編成した。列島では、自然の風化や災害による崩壊がむしろ常態でこれを原型に戻すやり方として、初源の反復を制度化した。再生をされるたびに集団的記憶が再編成される。イコン相互の衝突よりは習合させ、儀礼的反復による再生を〈もどき〉《ミメーシス》した。同じく反復であっても、ヘーゲル的な葛藤が歴史をつくる見方にたいし、生と死の循環を原理とする古事記の「なる（生成）」が慣習として継続する。相互の文明において、ともに反復をさそう慣習的表象ではあるが形象《かたち》をかたちづくる素材として鉱物性と植物性の差により、まったく異なったシステムがうまれた。物《モノ》と事《コト》ほどの違いがある。だが事物と記す用法もある。そのときは形象性《イメージ》が両者を調停する。たとえば〈アーキテクチュア〉とその翻訳である「建築」は同じ文化的事象でありながら、ラテン語文化圏と漢字文化圏ではまったく異なった理解を導いてきた。形象性に注目すればそのズレをまとめることができると考え、「間《MA》《けん》」を展覧会（一九七八）に組んだ。〈建築《アーキテクチュア》〉と同様な用法や慣習の文化的差異を介して相同性が感知できる。

――二〇世紀がおわった頃、私たちは、自らの身体が住みこまされているリアルな世界に加えて、ウェッブ・サイトというもうひとつの世界が生みだされていることを否応なしに認めざるをえなくなっている。信じられない桁のマネーがウェッブ・サイトを利用したもののところに集まるという事実が、そのもうひとつの世界の存在を証明したからだ。このリアルな世界に住みこんでいる身体は、空間と時間という二つの基体概念によってその存在が支えられている。つまり空間（場所）時間（記憶）身体（自己）を組み合わせさえすれば、すべてのリアルな存在についての言説は可能であるとみられてもいた。ところがウェッブ・サイトにあっては、身体はコード番号であり、空間は関係性でしかなく、時間はたんなる順序となってしまう。身体が存在している領域も、空間内座標を成立させている距離も、時間を測定する時計の目盛りも、それぞれ無意味となる。おそらく、このもうひとつの世界は、現在という瞬間の裂け目に口をのぞかせているのだろう。そこでひとつの原理的な問いが生まれることになった。

はたして、ウェッブ・サイトに、空間・時間・身体は存在するのか。

この状況を十九世紀末に巻き戻し、ウェッブ・サイトの代わりに、建築を充当させてみる。すると次のような問いになる。

建築に空間・時間・身体は存在するか。さらには、建築を空間・時間・身体という基体概念によって説明できるか。

（『神の似姿』二頁）

前世紀末に改めてつくったこの問いは、パノフスキーとギーディオンがアメリカ亡命中に組みたてた『イコノロジー研究』（一九三九）と『空間・時間・建築』（一九四一）において提出した枠組みをメディアの時代にあらためて再考するためだったが、私にとっては、芸術＝建築＝都市＝国家（社会）を貫通する〈アーキテクチュア〉をプロジェクトのなかで捜すことでもあった。

アルベルティはウィトルウィウスの『建築十書』を祖述するなかで、三種に分類されていた柱頭《キャピタル》に「数」的均衡の視点からジェンダー的比喩を加えた。これを受け継いでレオナルド・ダ・ヴィンチは、正方形と円形に人体像を内接させる。人体こそが「数」的均衡の原理的モデルであることのイラストレーションだった。アルベルティが回転させた扉のうらから現れたのが、このレオナルドの人体像で、そのイメージは以後数世紀を支配する。モダニスト、ル・コルビュジエは絵画から都市のデザイン、建築論のすべての下敷きに人体器官になっている器官（機能）をモデルにした。このとき扉のむこう側に押しやられたのがブルネッレスキ。透視図法の発見者、無支柱足場でダブルシェル・クーポラを組みあげた工学的発明家ではあったが、〈アーキテクチュア〉の回転扉は、建設工学を押しのけて、芸術の側へと移行する。

伊東忠太はルネッサンスに起こった建築論的回転を学んで、〈アーキテクチュア〉を「建築術」と訳した。漢字文化圏（中国、朝鮮、ヴェトナム、日本）では〈ARCHITECTURE〉を〈KENTIKU〉と読んでいる。中国では営造、日本では造家が伝統的な用法であった。〈建築《アーキテクチュア》〉が訳されて一五〇〇年間で、ラテン語系文化圏では、より制度《インスティテューショナル》的デザインの側へ、漢字系文化圏ではより芸術《アーティスティック》的建造物の側へと慣用法が拡張していく。コトの側とモノの側へひろがる。建築≠ARCHITECTURE（『瓦礫《デブリ》の未来』青土社、二〇一九）。

口承を伝達手段にした無文字社会だった倭国に百済から文字が到来したとき（『千字文』）、漢字を土着の古語に重ねてひとつの文字に音と訓、つまり中文の発音と日文の発音をコンテクストによって読み分けた。それぞれが背後に引きずる文化的含意を保持したまま、日常的慣習を組みたて保持する。ピジン・イングリッシュのような変容とは異なる。バイリンガル的である。千余年後の現代までに、宋、南蛮、西欧の文化がその地の言語とともに到来し、これが積み重ねられ、多重言語シンクレティズム的文化状況がうまれている。たとえば「建築」を〈KENTIKU〉と発音しながら〈ARCHITECTURE〉としての意味をそれが含意する非建築的なイメージまでひろげて理解しようとする。〈建築《アーキテクチュア》〉は文字というより、ひとつの情報記号である。

「建築」、「空間」、「時間」この三つの基本概念は一〇〇年前に、SPACE＝空《ヴォイド》＋間《MA》、TIME＝時《クロノス》＋間《MA》と造語された。ともに間《MA》《けん》が介在する。この翻訳のなされた極東の島国においては、時間と空間はひとつのもの、つまり時空間であって、これが間として感知されていたためだった。〈やつれる〉〈うつろふ〉〈さびる〉〈いろめく〉……。これら日本古代語の語幹《フォニーム》はモノでもコトでもない。瞬間を感知することだ。情景、仕草、相、気配、〈まぼろし〉が混在しながら、ざわめく。このつかみどころのない感覚を、時間《タイム》、空間《スペース》が分節された言語《ロゴス》によって思考している西欧世界にむかって、あらためて説明する。文字《ロゴス》は使うまい。イメージ（像）を直接的に感知するアートフォーム、パフォーマンスを含む展覧会に組みたてる。このとき手がかりにしたのは、翻訳過程で使われた造語のメカニズムの手のうちをバラしてあらたな暗号に編成することだった（「間―日本の時空間」展［一九七八―一九八二］）。

時間《タイム》・空間《スペース》が基体概念であるひとつの形而上学的世界に符号としての間《MA》を挿入する。形而上学的に構築された建築《アーキテクチュア》としての建造物のインフラストラクチュアである土台をゆする。ここでプラトンがつかった擬人化された職人であるデミウルゴスが箕をゆするシーンを想起しよう。アリストテレスが抹消したデミウルゴスが召喚される。「間」は時間・空間で造りあげられた世界を液状化する。人体形象主義《アントロポモルフィスム》という堅固にみえていた構築物が実は軟弱地盤のうえに、「間」をセメントにした思弁的概念として構築されていたに過ぎない事態をあらわにする。神の設計図を正誤かまわず、盲目的につくりあげると理解したプロチノス派のデミウルゴス像である。

五世紀間閉じたまんまだった扉が回転しはじめる。押していたのも姿を変えたデミウルゴスである。

間という接着剤になる文字を生みだした漢字文化圏では造物主という呼び名があった。デミウルゴスは造物主と翻訳される。建築《アーキテクチュア》と同じように造物主《デミウルゴス》とする表記を考えた。主《ぬし》は擬人する用法であるから、靴職人の比喩からうまれたデミウルゴスは適切ではあろうが、定義もできずイメージも定まらない。唯物主義という用法があり、思弁的唯物論もある。スペキュレイティヴということばには思弁的と同時に不動産業の投資や金融取引に使われる投機的とする用法もある。
形象《モルフィスム》主義的思考が、実像と虚像つまりリアルな世界とイマジナリーな世界を架橋する。造物主《デミウルゴス》は世界が生成する媒介者である。生成が終了すると姿がみえない。下敷き線、モデル、鉤縄である。仮定的で不可視である。この不確実な何ものかこそが二一世紀の創造世界を支配するに違いない、そんな予感をもって、造物主義論《デミウルゴモルフィスム》を冷戦構造が崩壊した時期に開始した（『造物主義論』一九九二年開始）。

デミウルゴスが使用している道具がマシン・テクノロジーになったプロセスを追いかけているうちに、一九九五年の数々の事件に巻き込まれて中断した。バウハウス（ハンネス・マイヤー）とフューチュリズム（アントニオ・サンテリア）、シュプレマティズム（カジミール・マレヴィッチ）を同時並行でとりだし、ついでトータリズムとして、ファシズム（ジュゼッペ・テラーニ）、ナチズム（アルベルト・シューペア）、エコロジー（バックミンスター・フラー）のそれぞれの〈建築《アーキテクチュア》〉を語るところで第一部をくくる。ここまでは人体形象主義《アントロポモルフィスム》でくくり得る時代であるが、正統な近代美術史の記述のなかではマイナーな位置に置かれている芸術家たちが、デミウルゴスに憑りつかれ、〈アーキテクチュア〉と格闘したが失敗し、不遇のまま消し去られた事例のなかに二一世紀の予兆を捜すことにする。

二〇世紀初頭までのマシン・テクから後半のメディア・テク、そして今世紀初頭に姿をみせたバイオ・テク、とデミウルゴスは時代のテクノロジーを栖にし、それぞれの時代にマッド・アーティストと蔑称された連中の仕事を稼働させた。

特記しておきたいのは建築家、芸術家、政治運動家、行動家、技術家、創業家……など通念として呼ばれる職業分類はもはやまったく通用しない。私は彼ら彼女らのなかから〈アーキテクチュア〉を生成させている事例だけを取りあげる。

まずは中断した二五章のハンネス・マイヤーの宣言文がバウハウスを自滅させたいきさつからはじめる。その兆候はすでにマレヴィッチが立体未来派を黒く塗りつぶした「黒の正方形」のひび割れのなかに隠されていた。

二

アリストテレスによって消去されたデミウルゴスは姿を変えて、さまよいつづける。変装《やつし》して流浪する。その姿をもういちど整理する。

> デミウルゴスは『ティマイオス』においては造物主、グノーシス主義においては神の他者、フィッチーノにおいては芸術家、フリーメーソンでは大宇宙の建築家、ニーチェにおいてはツアラトゥストラ（ゾロアスター）と姿を変えて語られてきた。そして今日ではテクノクラートのなかにエイリアンのように寄生しているようにみうけられる。自らが産出した〈建築《アーキテクチュア》〉をその出自と振舞いを確認するために召喚したにもかかわらず、ときに、デミウルゴスは〈建築《アーキテクチュア》〉を扼殺しようと試みもする。
>
> （『造物主義論《デミウルゴモルフィスム》』函書き、鹿島出版会、一九九六）

西欧世界では退位させられた盲目の王の悲劇がデミウルゴスの命運を物語っている。『オイディプス王』（ソポクレス）、『リア王』（シェークスピア）を参照したと思われる黒澤明の

『乱』は狂王、一文字家の棟梁を翁《おきな》姿で登場させる。彼もまた落魄したデミウルゴスの化身である。黒澤は、「秀虎は私だ」と語る。島国であるギリシャ、英国、日本では共通して、安定した統治をなしとげた王が、退位した途端に、身内の争乱に巻きこまれ転落する。栖《すみか》さえ与えられず放浪せざるをえない。スペクタクルに仕立てられ、善意としての退位をきっかけに宿命のいたずらのように、血まみれの光景が展開する舞台を観客は眺めている。客席とスクリーンとの距離が安堵させている。あの物語は模像《もどき》なんだ。だが、と沖縄にすまう私は思案している。

平成天皇は退位を強いられたのではないか。

退位した上皇は仙洞と呼ばれる。皇位継承第一位の皇太子は東宮と呼ばれる。いま東京には赤坂離宮の横に東宮御所がある。ここが皇太子の住居である。だが仙洞御所、つまり上皇の住居はない。『リア王』の三姉妹を三兄弟に読み替えた『乱』では、三兄弟に所領を分譲するが王としての棟梁は居城一の城（姫路城ロケ）から追放され、二の城（松本城ロケ）を頼るが扉を閉ざされ、三郎から三の城（出城）をゆずられ、落ち着いたところを、太郎、次郎連合軍に囲われ、落城する。黒澤の描く棟梁一文字秀虎は、豪腕であったが老いて剥落するソポクレスのオイディプス王の物語に、道化に真実を語らせるシェークスピアのリア王が重なり、スペクタクルを盛りあげてはいる。おしむらくは、役者の力量不足のため悲劇の通俗的な解説版になってしまった。

私には映画の出来、不出来を語る資格はない。だが折口信夫が貴種流離譚と呼ぶ日本的な悲劇のひとつの型を、老いを自覚した王の退位が呼び醒ます後継の座をねらうかくされた権力への欲望が巻き起こす葛藤のドラマに仕立てただけでなく、この映画が封切られた三〇年後に、老いをひとつの理由に退位の意向をもらしたことを国民的賛意に読み替える忖度操作が連動し、この稿が発売されるころには公式の退位式につづいて即位の礼が催される段取りがなされている。二〇一九・五・一から新元号に変わる。

平成天皇が退位の意向を公式に発表した文章はみずからの「おことば」としてテレビ放送された。黒澤明の炯眼はこの退位宣言を予知していたことだ。『乱』が製作された頃、昭和天皇はまだ存命していた。皇太子が即位して元号が平成に変わることもわかっていない。この映画はみずからの意志によって退位を表明したことに発する悲劇として構想されている。この号が発売された頃、年号が変わっても映画のように争乱が起こるわけではない。確実に予想できることは上皇はその住居を移さねばならない。国家統治の役（象徴）から隠栖するわけだから、皇居から退くのは当然のことである。仙洞とは洞穴に住む仙人の意である。移転先の洞穴はどこか？　後水尾上皇が退位したときには仙洞御所（のちの大宮御所）がすでに用意されていた（徳川家光と対面するために二条城につくられた行幸御殿を仙洞御所として移築したことに腹を立て本当に退位した、という説もある）。京都にはその庭園だけは残っている。かつての建物は消えていまは松林である。たまたま現時点で次の立太子がなされていないから、現東宮御所が空室になる。ここに一時的に借り住まいすると新聞記事で知った。『コロノスのオイディプス』のようにみずから両目をつぶしてさまようのでもなく、『リア王』のようにさすらいの挙句に崖から身を投げるわけでもないとしても、皇居と東宮の便宜的な入れ替えは、名義的には仮宮への遷宮であり、老いた王のさすらいの始まりである。平成帝は先帝の不始末の謝罪と鎮魂のための旅を生涯をかけて続けてきた。加えて想定外の自然（むしろ人為的）災害の被災者への慰問、水俣、福島には終わりがない。折口信夫ならば、「ほかひびと」というであろうこの人の煉獄の旅をいつ止めることができるのか。かつては天皇霊の容器《リセプタクル》とみられていたため、その身体を傷つけることは禁忌とされていた。自らの身体に心臓手術のメスがはいる前後のことだと思われるが、先帝まではその身体は土葬されたが、妃ともども火葬にしてほしいと、側近にもらされていたことがリークされており、このたび退位が明言された。象徴としてのお務めについての「おことば」のなかにも先帝の殯《もがり》に際して一年余りにわたるさまざまな儀式があり、国事にもさしつかえる程の多忙さであったことにさりげなくふれている。「おことば」全篇の帝の表情は慈愛に満ちていたが、「殯《もがり》」、その言葉を発語する瞬間に鬱屈した何かの感情を噛みしめるような表情が走った。歴代天皇の葬儀においてその遺骸が殯の宮に安置され、なかには次の天皇が決まらずに、二年間も埋葬されなかった例などは学習されており、先帝の心肺停止状態に至るまで日々の下血量まで報道されたことなどの記憶がふっと駆け巡ったと思われる。退位について『乱』が『リア王』を参照しているとすれば、埋葬については『アンティゴネー』（ソポクレス）の国家的な掟（法）に違反してまで私的な情（家族）を貫通することの悲劇をこそ見習うべきだろう。国内の災害だけでなく、かつての戦場であり、犠牲者の多くでた場所へ慰霊の旅（さすらい）を続けてきた帝であるが故に、あえて殯《もがり》が語られたのだと私は思う。

ともあれ、退位して上皇（仙洞）と呼ばれることになる平成帝が東宮御所に住まうという捻じれ状態が発生する。『乱』では秀虎は、三郎の居城（出城）に仮住まいするが、落ちついたとたんに太郎、次郎連合軍に囲われ落城する。オイディプスもリアも、退位した王には住まいも与えられないことを観客としての国民は承知したうえで、ドラマを楽しんでいるが、仙洞御所が消滅している上皇（仙洞）も同じ命運をたどらされるのであろうか。隠栖すべき洞穴はどこか。多くの論者が退位について語るなかで、誰も障りたくないらしく触れることのない「殯《もがり》」こそが「おことば」の核心だったのだと私は考える。古来琉球はガマと呼ばれる洞穴で風葬され、年を経て洗骨されたうえで、本来の墓へ収められた。『出雲国風土記』にみえる根の国《ねのかたすくに》とは海岸にあるこのガマのような洞穴だったのではないか。夢窓疎石が探し求めた洞穴（鎌倉・瑞泉寺）がこのイメージに近い。『宇津保物語』の〈うつほ〉である。譲位とは空洞に住まう仙人になる運命を選ぶことと理解されていたのだろう。映画『乱』には毛利家三兄弟の三本の矢の逸話も重ねられている。三者入り乱れる戦闘シーンは内ゲバを繰り返していた時期の全共闘の街頭戦にヒントを得たに違いあるまい。衣装のワダ・エミだけがアカデミー賞を獲ているが、黄、赤、青、白、黒の五色（易の五大色）を記号論的に配分した群勢の闘争を際立たせており、全共闘が分派ごとのヘルメット色で乱闘を繰り返した一九七〇年前後の数年間を首都東京で過ごした者だけが思い浮かべうるアイディアであった。いま仙洞（上皇）になろうとする平成帝はこの頃まだ東宮で、七〇年万博の開会式のボタンを押した。

　沖縄には沖縄の民主主義、日本には日本の民主主義がある。沖縄は日本だから、日本の総意に基づいて、辺野古埋立ては粛々として遂行する、と防衛庁長官Iは言い、沖縄県民投票において反対《ノー》が過半数を占めたにもかかわらずダンプカーで運びこまれた土砂が青い珊瑚礁にどっと被さる。官房長官S、総理大臣Aは口をそろえて、平成帝の「おことば」のなかの象徴としての天皇の使命は国民の意志によりそうことと理解すると語られたその一節を引用して、嘉手納基地の周辺に轟きわたる一〇〇デシベル超の騒音を軽減するために、沖縄県民によりそうためにも辺野古埋立てをすすめると、対話による解決を希望する新県知事の意向も無視し続ける。この一連の後戻り出来ない硬直した指令の流れは日中戦争の南京大虐殺の際の命令系統とまったく変わるところがない。直接虐殺に手を下した下級官以下はC級戦犯、南京侵攻を指揮した軍司令官はB級戦犯、中華侵略を決定した政府高官はA級戦犯となった。辺野古においては、A＝A、B＝S、C＝Iであることは確実だろう。南京事件では、天皇陛下は免責された。辺野古においても免責されるだろう。だが事件を動かしたコトバは、かっては「天皇陛下のためならば」であり、いまは「民意によりそう」である。いずれも反論、批判の余地のない、絶対命令として使用されている。南京と辺野古で、一点だけ変化があった。C級のIが例に挙げた民主主義である。昭和帝は民主主義に敗北した。平成帝は少年期にマッカーサーの指令のもとにヴァイニング夫人を家庭教師にして民主主義的教育を受けた。民主主義に洗脳されたという人もいる。おそらく即位するまでは父君を反面教師としていただろう。そして、天皇家の跡取りとして、先帝の及ばなかった古代アジアの国際関係のなかでの天皇、さらには中世から近世にかけての文化的統治者としての役割など、祭祀の儀礼にいたるまで克明に研究されている（韓国訪問に際して、歴史書には天皇家に百済王家の血筋が混じっているとも語り、日本民族純血主義者を慌てさせた）。そして即位に際しては、古代の儀礼を数多く回復させたと伝えられている。天皇が家長として行うべき儀礼が多々ある。これは国事ではないために報道もされない。退位の「おことば」の背後にはこのような日々の務めが数多くあり忙しく、国事まではこなせないよ、という言外の含意があった。

あげくに国民の総意が退位を歓迎する決定が国事としてなされる。そして上皇という称号が与えられる。だが、住まうべき仙洞御所はない。オイディプスやリアや一文字秀虎のようにさすらわねばならぬのか。

『沖縄に基地があるのではなく基地の中に沖縄がある』

（東松照明、写研、一九六九）

日本復帰のまえに沖縄を訪れてこのタイトルの写真集を発表した東松照明はまだヴェトナム戦が続行し、嘉手納《かでな》基地から、枯葉剤散布のために飛びたつB–52の残影をとらえている。大鴉のようなこの影こそが〈アーキテクチュア〉である。文化大革命のさなか、毛沢東暗殺をこころみた林立果（林彪の息子）が秘密作戦を立案したとき、この首領《ドン》につけた暗号名がB–52であった。盲目のデミウルゴスたるにふさわしい暗号である。蜂起は失敗し、首領《ドン》は大往生を遂げた。それでも後継者争いは起こった。この首領は絶対権力を握るまではさまざまな民主主義論を展開していた（『毛沢東全集』）。文革を発動して、統治者として組みたてた戦略は党内の代議的民主主義ではなく、壁新聞を情報源とする直接民主主義であった。民主主義が信用手形のようにつかわれる。政治的詐術にもなる。防衛庁長官Iの言う民主主義は、沖縄はまだ占領下にあり、民主主義国日本は日米安保条約を担保にしてアメリカの属国になり、占領代行をやっているのだから、つべこべ言うなといわんばかりの科白である。さらなる詭弁は総理大臣Aと官房長官Sが口をそろえて語る「民意によりそ

東松照明《嘉手納､1969》『沖縄に基地があるのではなく基地の中に沖縄がある』写研、1969年

う」とする平成帝の「おことば」の引用である。ここで悟られる民主主義は、占領下日本において、少年時代に、おそらく父帝の依頼によりマッカーサーの指示でヴァイニング夫人に学んだ宗主国アメリカの民主主義であったことに違いあるまい。ひとつの言葉の用法が混乱している。抑圧と被抑圧側、支配と被支配側、本土と南島。異なる立場から、民主主義が旗印にされている。縺《もつ》れは、七〇年以前にさかのぼる。昭和帝が日本占領総司令官マッカーサー元帥をアメリカ大使館に訪問したとき（一九四五・九・二七）に撮影された一枚の写真にはじまる。

坂口安吾史譚風に語る。

日本の敗戦は今回で二度目だ。最初は白村江《はくすきのえ》、今回はミッドウェー。あのときは任那（伽耶）を手ばなし、防衛線を太宰府につくった水城まで後退、さらに首都を志賀（大津）に移転し、守りをかためた。今回はやりすぎた。無条件降伏せざるをえないが、まずは沖縄を手放し、暫時、ときをかせごう。前回は文化的復興手段として中国から先進的制度を導入した。今回はアメリカナイゼーションでいくしか、あるまい。敗戦処理をした天智帝の娘持統帝の時代に、文化的な和様化の芽生えがうまれ、『古事記』の建国神話がデッチあげられた。この間五〇年。戦後の復興も同じ時間で完成できよう。退位することはあるまい、と昭和帝はつぶやく。

——天皇は、沖縄（および必要とされる他の島々）に対するアメリカの軍事占領は、日本に主権を残したままでの長期リース——二五年ないし五〇年、あるいはそれ以上——というフィクションにもとづくべきと考えている。天皇によるとこのような占領方法は、アメリカが琉球諸島に対して継続的な野心をもたないことを日本国民に納得させるだろう。

（宮内庁御用掛の寺崎英成を通じてシーボルト連合国最高司令官政治顧問に伝えられた天皇の見解、沖縄県公文書館保存資料、一九七九年九月）

琉球王朝にとっての宗主国であった清朝政府がアヘン戦争以来窮地に立たされ、マカオ、ホンコンを長期リースにしてしまい、北東アジアの辺境で今日まで継続する混乱が続いているのと同じ発想で、昭和帝は琉球をアメリカに売り渡す提案をしていたのである。平成帝がその治政の最後期に頻繁に沖縄を訪問する理由は、持統帝が父君天智帝のおかした政策的判断のあやまちを補綴しながら、ひたすら古代の儀礼を復活する努力をしていたこと（伊勢神宮式年造替の創出）に、平成帝と皇妃の国土西端、八重山群島訪問にみられる謝罪と鎮魂の旅がかさなる。だが、と坂口安吾なら語るであろう。骨の髄まで教えこまれた民主主義は父帝が売り渡した宗主国アメリカ由来のものではないか。沖縄には沖縄の民主主義があると下級閣僚Iでさえ言っている。退位に強制的に追い込んだ冊封に等しい安保条約にしばられている自称民主主義国日本国民の言う民主主義ではない。法的に、日米地位協定↓日本国憲法↓

地方条令の順で判決を決めるのが最高裁判所の判断基準である。憲法改正をたくらむA現政権は五世紀頃、朝鮮半島の戦乱における傭兵供給国だった倭国の末裔である日本が、かつては九条を押し付けられながら、宗主国への傭兵としての援軍を送りだせない法的しばりとなってしまった九条改正要求を政策にかかげる。官僚は忖度する。そして辺野古NOをいう沖縄の民主主義には、平成帝の「おことば」を利用して民意によりそう「ふり」をしながら、埋立てを強行する。

ここで坂口安吾自身の語りをいれる。

——自分みずからを神と称し絶対の尊厳を人民に要求することは不可能だ。だが、自分が天皇にぬかずくことによって天皇を神たらしめ、それを人民に押しつけることは可能である。（中略）見たまえ、この戦争がそうではないか。（中略）しかもその軍人たるや、かくのごとくに天皇をないがしろにし、根柢的に天皇を冒瀆しながら、盲目的に天皇を崇拝しているのである。ナンセンス、あゝナンセンス極まれり。（『続堕落論』一九四六）

終戦の翌年の文章である。この文脈を日本軍部を日本官僚、軍人を内閣府、内閣A、S、K、Iなどに読み替え、このときの昭和天皇を平成天皇とすれば、七三年後の現在と変わりはない。「ナンセンス極まれり」と私も言いたい。だが東松照明と同じく、沖縄に居を移した私は琉球民として辺野古NOである。同時にアーキテクトとしては、アメリカ型民主主義に洗脳されたとはいえ平成帝が仙洞（上皇）として定住する場所が何処なのかを気にしている。琉歌を詠み沖縄の戦没者の碑に献花しても、いったんは棄民され、沖縄戦で人口の四分の一が犠牲になった琉球の民が、本土の天皇をすんなりと受け容れることはあるまいと感じる。

アメリカ型民主主義を象徴天皇の統治手法として三〇年の在位期間を完了する。この三〇年はさながら煉獄のような苦難の日々であったとしても、慈愛に満ちた笑顔を絶やさなかった。いまや属国のような地位に転落したとはいえ、黙々として被災地を巡り統治の役をはたした憐れむべき帝への礼を宗主国は占領地の全面返還によってはたすべきでないか。リース期限としての五〇年は過ぎている。その手はじめに、新たな仙洞御所を占領地の一部に営造し行幸をお願いする。

老いたとはいえ、退位に追いこんだのは日本国民である。日本には仙洞御所はない。同じく退位を強制された後水尾帝には上皇のための仙洞御所が用意されていた。後水尾院はここに退位後、五〇年間住まった。別荘として修学院離宮も築造された。東国の徳川幕府と宮廷との複雑に対立する間にあって仙洞御所を整備したのは京都所司代、板倉勝重ついで修学院離宮の築造は次代の板倉重宗の親子であった。中宮に徳川家康の孫徳川和子を嫁がせるだけではなく数々の法度を発行してしばりをかけ、退位に追い込む。とはいえ西行や鴨長明のように庵を結べばいいとするわけにはいかない。一〇〇〇名ほどの身内や使用人がかかわる離宮を用意する。三四歳で退位した後水尾院は、後鳥羽帝や後醍醐帝のような流罪の身とはならずに、寛永文化と呼ばれる王朝と町衆が混じり合って創りだした「日本的なるもの」の核心となるイメージや慣習までを生みだしたのだった。

京都仙洞御所の作事奉行を命じられた小堀遠州デザインの庭園はこれまでの庭園の通念を無視した「独創的といえば、これほど思い切った庭はない」（熊倉功夫『小堀遠州茶友録』中公文庫、二〇〇七）。だが、今日ではそのときの遠州好みはごく一部を残すのみである。遠州が担当した二条城行幸御殿とその移築した御所建物は庭園の脇につくられた茶室とともに姿を消している。すなわち寛永文化の拠点となった仙洞御所の姿はない。平成上皇の行先は何処か。

私は琉球に移住したとき、いまやマス・ツーリズムで賑わいはじめているこの地に新仙洞御所を築造する可能性があるかもしれないと思った。帝と后の沖縄への思い入れを報道で知ったからである。だが今日でも語り部がなまなましく沖縄戦の惨状を語り継ぐことを知って、あの沖縄訪問は針の筵《むしろ》の上を歩く思いに耐えていたのだと思うようになった。

東松照明の「基地の中に沖縄がある」を思いだした。まだ安保法制が圧倒的に発動している占領下なのだ。沖縄の民が日常的に聖地と感じている御嶽《うたき》（三〇〇カ所以上あると言われる）が基地内にとり込まれ、立入禁止《オフリミット》の柵の外側から近づくことのできないものもある。アクセス不能の御嶽《うたき》にむかって仮の祠がつくられ礼拝がなされる。いかに平成帝・皇后が慈愛のまなざしをかけたとしても、空しい。だがさまよう王に沖縄の民は終の栖を与えることはあるまい。オイディプス、リア、秀虎はフィクションのなかのさまよえる王である。昭和帝の提示したフィクションとしてのリース（占領の延長）はリアルとなった。安保法制が発効したリアルのなかを平成帝はさまよう王である。夢か現実《うつつ》かと嘆くのはリア王だが現実《リアル》をさまよう王をフィクションへ導く道筋はないか。蜘蛛の糸のように一筋の可能性を捜すとウチナーンチュになりきれなかった東松照明がみつけた大鴉のようなB－52が影をおとす基地がある。沖縄の戦の語り部がそそぐ視線をはね返すフェンスのむこう側。沖縄のすばらしい自然のなかでも最高の地区は、いまだに返還されていない。そのひとことをきいて、南北に長くのびる沖縄本島の海岸線上に適地を捜した。

灯台のある残波岬（読谷村《よみたん》）は既に返還され、マス・ツーリズムの開発目標にされている。ここの崖には重要な御嶽《うたき》がある。広大な海兵隊の演習場があるため世界遺産登録にもれている山原《やんばる》はどうか。西海岸の国頭村《くにがみ》に在日米空軍が管理するOkuma Beach Military Recreation Area（奥間レスト・センター）がある。軽飛行機の滑走路もあり、テニスコート、ゴルフ場など整備されている。京都の大宮仙洞御所用地の五倍の面積がある（水域は合衆国政府の排他的使用のための常時制限されている）。ここのビーチは沖縄最良の砂質だと言われている。二〇一七年には返還されたことになっている（県資料）。これが米軍人・軍属およびその家族の福利厚生施設として使用されている。つまりまだ立入禁止区域《オフリミット》なのである。

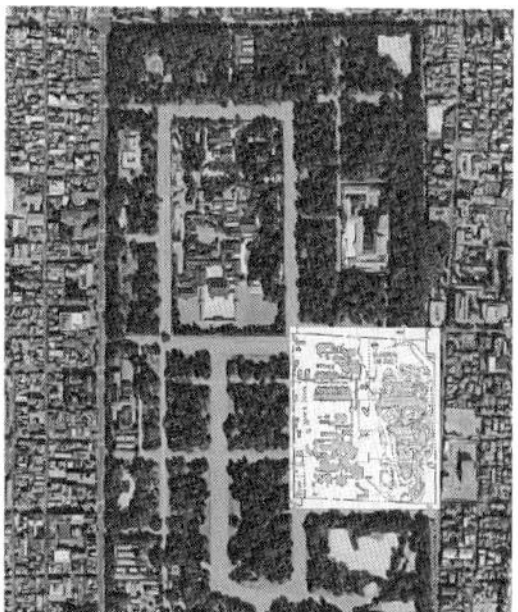

左｜奥間レスト・センター
55ヘクタール
右｜京都御苑と仙洞御所図面　9ヘクタール

三

承前

沖縄本島の北部、山原《やんばる》と呼ばれる地区は海兵隊演習場があるため、世界自然遺産の登録が幾度も見送られている。生態系でも貴重な樹林帯である。その地区の西海岸、国頭村《くにがみ》に三方向にビーチのある小さい岬がある。この奥間レスト・センター（五五ヘクタール＝京都・仙洞御所の五倍）を新仙洞御所築造用地とする。軽飛行機用滑走路があり、ヘリパッドもつくれる。岬の岩場を整備すれば、大型クルーザーの接岸も充分できるだろう。現在は在日米軍のレクリエーション・エリアであり、ゲートがある。立入禁止地区《オフリミット》になっている。つまり地上自動車路には通じており、付近にリゾートホテルなどが立地しはじめている。気象条件も含めて申し分ない。サンクト・ペテルブルグ（冬の宮殿は市内のエルミタージュ）郊外のバルト海に面した夏の宮殿ペテルゴフのようにここを四季を逆転して冬の離宮とする。とすれば寛永期仙洞御所の作事奉行小堀遠州がやったように全域を超先端的な〈にわ〉としてデザインできる。地形から推量すれば、修学院離宮の上中下の茶屋のようなコンプレックスにすることも充分可能である。少なくとも目下のところ周辺はアメリカ軍の排他的海域である。基地ではないが在日アメリカ空軍の軍人およびその家族のための専用レクリエーション・エリアである。

熊倉功夫の『後水尾天皇（院）』（一九八二）は寛永文化と呼ばれるいまでは世界から「日本的なもの」とみられているものの基本型となるユニークな文化を創出した中心人物、後水尾帝の伝記の体裁をしているが、その白眉は、「寛永六年十一月八日の譲位」の章である。「将軍と天皇」とか「寛永のサロン」とか、文化史的な記述のなかにあって、この章は年譜の一節をそのままタイトルにしたようにみえる。まるでシェークスピアの王朝歴史ドラマ『ヘンリー六世』や『リチャード二世』を中心とする王位をめぐる権力闘争の一節がそのまま、一七世紀の最初の四半世紀の人物達によって実演されていたことがドラマティックに語りつくされている。かくして「寛永度仙洞女院御庭指図」ができあがる。紫衣事件からはじまり、幕府と公儀の駆け引き、八世紀余りなかった女帝への譲位で決着する。

譲位とともに上皇の住居である仙洞御所の造営が急がれた。場所はいままで禁裏の建物のなかった御所東南部の一角で、東西約一六三間、南北約一四二間、広さ約二万三一五〇坪（七万六四〇〇平方メートル）の土地。ここに後水尾天院と東福門院の御所が、東北の隅と南西の隅を結ぶ対角線で分けられるように、東南に後水尾院の仙洞御所、北西部に女院御所が建設された。御所は寛永七年（一六三〇）十一月に完成、後水尾院は十二月十日に渡御した。仙洞の総建坪数は三五六二坪、女院は総建坪数三八八四坪で仙洞より少し大きい。土地といい建物といい、内裏に匹敵する規模であった。

（熊倉功夫『後水尾天皇』中公文庫、二〇一〇、一二七頁）

オイディプス王、リア王、『乱』の一文字秀虎などは退位のあげくに栖処を失い、さまよえる王となる。退位の儀礼を既に遂行された平成帝のため仙洞（上皇）としての御所（住居）を誰ひとり手配するものがない。前号で「平成帝は退位を強いられたのではないか」と私は疑義を述べたが、あのときは先例として後水尾帝の譲位のことを想っていた。沖縄民主主義の主権が及ばない基地のなかのほうがいいではないか。民主主義日本は民意として退位を寿《ことほ》いでいる。奉祝一色のメディア操作で結果として退位がレジティメートされる。徳川幕府は、女子ばかり七名も生んだ中宮を送りこみ、仕方なく女帝を容認し、後水尾帝を退位させた。だが京都所司代板倉勝重、重宗は仙洞御所を用意している。退位し隠栖する平成帝の栖処を、思い入れを表明されている沖縄に準備するのはどうか。明治帝は琉球処分し、昭和帝は琉球をアメリカに売り渡し無期限リースしてしまった。琉球民として登記した私は、ウチナーンチュが腹の底では天皇を拒絶していることを知っている。彼らに采配を依頼するのは無理だろう。だが東松照明のコトバを借りると沖縄の外にはまだ基地があるのだ。絶好の適地が基地のなかにある。

平成帝を洗脳したアメリカ民主主義は、三〇年間代理統治の役を果たし終えた礼としてせめて新仙洞御所を提供すべきだろうと琉球民のはしくれになった私は考える。慈愛にみちた笑顔を絶やさなかった平成上皇と上皇妃のために新仙洞御所を築造せよ。日米安保条約に基づいてアメリカの沖縄占領を代行している日本政府が在日アメリカ軍と、奥間レスト・センターの用途変更を交渉し、冬の離宮としての新仙洞御所を構築する。修学院離宮をモデルにできる地形があり、海に囲われている。大海中にそびえる須弥山の趣きを盆山としてとりいれることもできよう。

昭和六十三年の春、佐原真氏や、石毛直道氏など数人で、当時の皇太子殿下を囲む座談の会に出席した。東宮御所の一室で座談会がすんだあと、持参した『後水尾院』をさしあげた。その年の春、天皇陛下の病状が進んで大変な頃であったが、皇太子殿下が朝日新聞のアンケートに答えられた記事が載り、その中に思いがけぬことに、最近読んで印象に残った本の三冊のうちの一冊に本書があげられていた

（『後水尾天皇』「同時代ライブラリー版に寄せて」三一六頁）

後水尾天皇譲位のプロセスをシェークスピアの王朝史劇を思わせる描写で語るユニークな寛永文化論を、即位を間近にひかえた平成帝が「印象に残った本」として挙げていることを

三〇年後の「おことば」に重ね合わせると、皇室典範にも記載されない退位がひきおこす「王の身体」問題（エルンスト・カントーロヴィチ『王の二つの身体』）が浮かびあがる。世俗的統治者としての王と、神権受託者としての王の二重の身体である。平成帝は「老い」を、後水尾天皇は「病《やまい》（癰《よう》治療）」を退位の理由にしている。世俗政権としての徳川幕府とA内閣府がかける縛りから逃れることができる唯一の手がかりが天皇みずから退位の意志をあらわすことであった。みずからの身体のコンディションを理由にする以外に制度的な縛りに抗する手立てがない。幕府および内閣府の意向に対して抗議もできない。即位の式を挙げ、大嘗祭を経て天皇霊の容器《リセプタクル》（折口信夫）に変身（西郷信綱）した身体を昭和帝のケースのように、数々の延命処置をほどこされながら、半年以上も全国的な服喪状態がつづき、勿論すべての国事がとどこおり、ひたすら御臨終の発表を待ちつづける。その予兆のあった一年前に、平成帝は『後水尾天皇』を「印象に残った本」に挙げたのだった。徳川幕府の采配によって仙洞御所が皇居を超える規模で築造中であった。A内閣府は何の用意もしていない。坂口安吾ならば「無礼千万！」というだろう。「かくのごとくに天皇をないがしろにし、根本的に天皇を冒涜しながら、盲目的に天皇を崇拝している」（『続堕落論』）のである。「おことば」は並々ならぬ深慮のもとに注意深く言葉が選ばれている。憲法改正など軽々しくやるべきではない。冷戦の崩壊ののち、グローバルな警察力を誇っていた宗主国が手元不如意となり、傭兵派遣要請に応えるための軍隊を送りだす。つまり戦争に参画しようと画策している。宮中法度や紫衣法度で後水尾天帝の退位意向を男子誕生まで引きのばした徳川幕府よりはるかにたちが悪い。沖縄の基地を除去する施策を練るどころか更なる拡張をはかる。タッピラカス！と内心思われたと私は「おことば」を淡々と語る天皇の表情から推量する。この帝をさすらわせてはならない。奥間・新仙洞御所をまずはA内閣府の責任のもとに実現せよ。宗主国の在日空軍もしくは海兵隊に頭を下げるのではなく嘉手納・普天間全基地返還をというウチナーンチュにこそ平成帝にかわって平伏すべきであろう。

＊

知っていて知らぬふりをしているのか、知らないから、知らないままの間違いを犯しているのか、かつては最重要国家祭祀（工藤隆『大嘗祭——天皇制と日本文化の源流』中公新書、二〇〇七）であった大嘗祭が令和元年、一一月一四日の夜からの翌朝にかけて、江戸城大奥跡地において、とんでもない間違いの造りで挙行されることになっている。皇族だけでなく、かつては関白、いまは総理大臣以下全閣僚、都道府県知事、財界名士など約一〇〇〇名の参列が予定されている。これが国事行為なのか天皇家の私的な宗教行事なのかについては諸説あるが、退位がその年の七月までになされれば同年の冬至の頃に催されると『延喜式』に記されていたことにならい、明治維新以後の近代日本においても代々催されてきた。カントーロヴィチのいう『王の二つの身体』を敷衍すれば即位の大礼によって世俗的統治者となり、大嘗祭によって神権受託者になるひとつの身体としての容器としての称号を得る、この二つの性格をあわせもつ身体によってはじめて「天皇」になると考えられよう。

昨秋、いずれ即位式が挙行されれば、皇位継承順位第一位の皇太子待遇である「皇嗣《クラウンプリンス》」すなわち東宮になる秋篠宮が、皇室行事としての「大嘗祭」を政府が国費でまかなうのは「いかがなものか」と宮内庁長官にもらしたところ「聞く耳を持たなかった」と報道された。この「皇嗣《クラウンプリンス》」は政教分離が明記されている日本国憲法に違反するのではないかと問いただしたに過ぎなかったのに、宮内庁長官はトボケテ答えなかった。早速、いくつものキリスト教団体からは、総理大臣、官房長官、宮内庁長官あてに抗議文が発表された。あわてて宮内庁管理部は「今次の大嘗宮の設営方針について」を発表（二〇一八年一二月）。ここには――一部施設の規模の変更、儀式の本義に影響のない範囲での工法・材料の見直しを行い、コスト抑制に留意――と特記してある。

この官僚用語による文言は文法的に間違っていない。だが附図として前回と比較した平面図、仕様書をみると、モリカケ忖度事件をうわまわる詭弁とトリックが仕掛けられている。「本義」に影響しない、どころか「本義」からはずれてしまったフェイク建造物がヌケヌケと採用されている。ブルーノ・タウトのいう「いかもの」である。こんなニセモノ宮につれ込まれて、神人共食儀礼がなされる。つい先日即位した令和

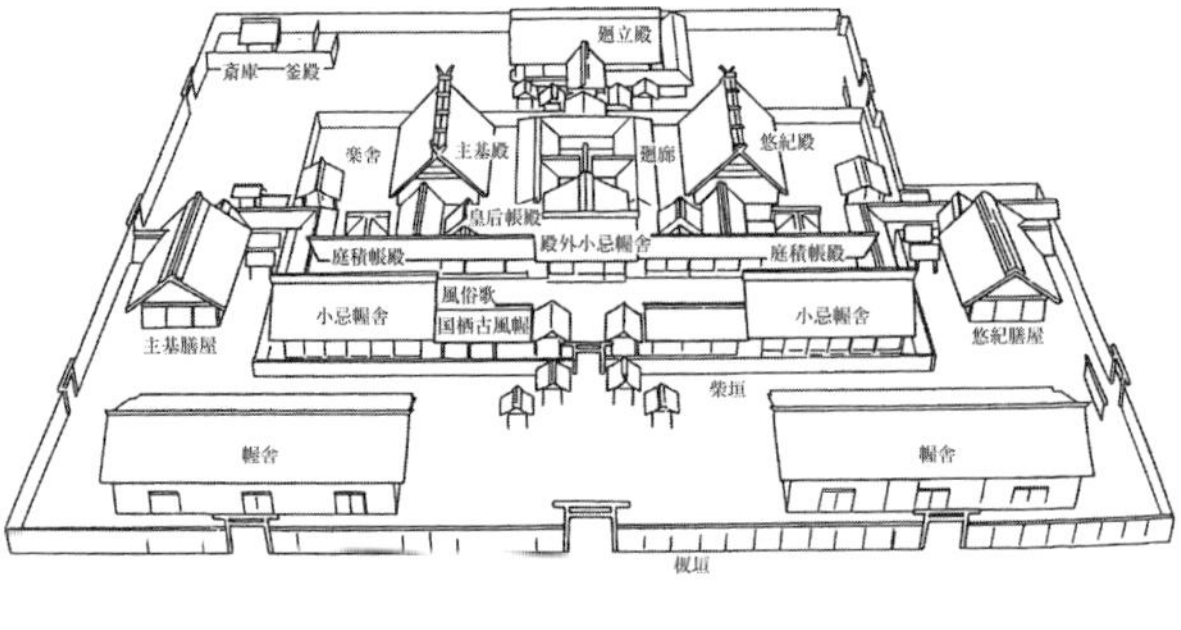

右頁｜大正・昭和の大嘗宮俯瞰図
岡田莊司『大嘗祭と古代の祭祀』吉川弘文館、2019年
左頁｜「今次の大嘗宮設営方針について」宮内庁、2018年12月

帝は、はたして神権受託者としての天皇になれるのだろうか。皇嗣《クラウンプリンス》が「いかがなものか」と問うた際のコトバにタウトのいう「いかもの」は由来している。彼は「オーセンティック」に対して「キッチュ」の日本語を尋ねた際に当時骨董の売買に真贋判断で使われていた隠語が充てられた。贋とはいいにくい。「いかがなものか」と語って受け流す。タウトは「ほんもの」＝天皇的、「いかもの」＝将軍的としてイセ、カツラを評価、ニッコウを排した。モダニズム・日本文化論の美的判断の基準概念ともなったことへと類推すれば、令和大嘗宮の本義（「ほんもの」）にはずれる（「いかもの」）案が宮内庁管理部から公表されていることになる。とすれば大嘗祭の「ほんもの《オーセンティシティ》」とは何か。

大嘗祭は次の順序で行われる。

①（四月）両斎国の卜定
②（九月）抜穂行事
③（十一月）北野斎場行事（白酒《しろき》・黒酒《くろき》の謹醸、御贄の調備、

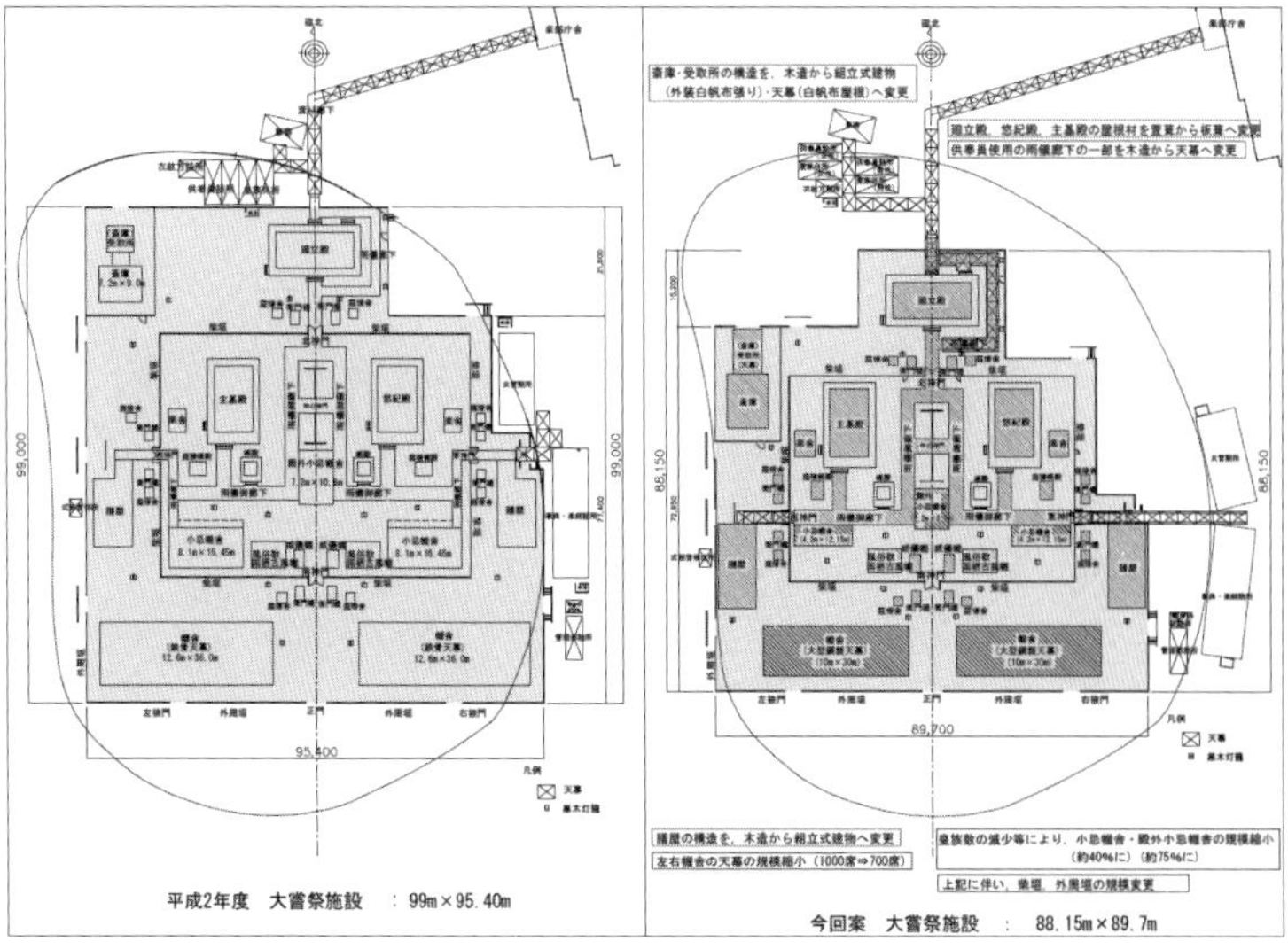

神服調整）
④（十月下旬に賀茂河原行幸）御禊《ごけい》
⑤（祭日前十日）造殿行事
⑥（卯日当朝、斎場・大嘗宮）供神物の供納
⑦（卯日夜―翌暁）大嘗宮悠紀殿主基殿の儀
⑧（辰巳午日）節会

＊北野斎場は平安京大内裏の北二四二メートルの場所、ここで亀甲を焼いて占い、萱を刈り、材料を伐採する。祭礼当日につかう食材や衣類のすべてを整える。
＊造殿は、かつては清涼殿東庭、または大極殿南庭で行われたが大正、昭和では、京都・仙洞御所で催された。

祭政一致が原則であった古代の原則がくずれはじめた平安初期に、その原理を確認するための儀式書が編纂される。決定版は『儀式』（八七三―八七七）、『延喜式』（九二七）で、『日本書記』（七二〇）が国書による歴史として参照されるように、今日の即位の礼や大嘗祭も、これに基づいている。その儀式の内容はすべて口伝であり、文書として記載されていない。今日でも誰がどのような所作と祝詞や呪言を発するのかが推定されている。この儀式全体は演

劇に例えることができる。劇場（場所）と、その舞台（建物）はすべて仮設であり、位置決めは偶有的である。所作（動作）、科白（呪言）はすべて「口伝」である。いったい誰がどのように受け継いでいるか「秘伝」である。文書として記録されている断片から、他の資料を傍証しながら想像的にひとつの論が組みたてられる。天皇が代替わりする際に、ただ一回のみ国家的儀礼として深夜に手探り状態で上演される秘儀としてのパフォーマンスである。深夜の酒宴の主役はこのとき即位した帝である。幼帝がむずかって困ったとか、眠りこんだ女帝を醒まさねばならなかったとか、公文書に書けない話題は、公卿の日記による。すべて秘事である。研究者の妄想も混じる。大嘗祭目あてに毎回数多くの著作や論が発表される。宮内庁管理部のいう「本義」とは誰の説に基づくのか。宮内庁には天皇家には代々口伝として伝えられているのだから、その秘事のすべてが記録されているのだろうか。「儀式の本義（ほんもの）に影響のない」と発表した。私は発表された変更案をみて、これは「いかもの」だと判断した。その理由を説明するために、大正、昭和、平成、令和の四代の大嘗宮に関して発表されたその時代の中心的な識者が語る論を参照する。

一九一五年十一月十四日・十五日　大正帝（京都仙洞御所跡地）

和田英松『大嘗祭に就て』明治聖徳記念学会、一九一五年　講演

一九二八年十一月十四日・十五日　昭和帝（京都仙洞御所跡地）

折口信夫『大嘗祭の本義』『折口信夫全集　第3巻』中央公論社、一九六六年
一九九〇年十一月二十二日・二十三日　平成帝（東京旧江戸城大奥御殿跡地）
岡田莊司『大嘗祭と古代の祭祀』吉川弘文館、二〇一九年
二〇一九年十一月十四日・十五日　令和帝（東京旧江戸城大奥御殿跡地予定）
工藤隆『大嘗祭——天皇制と日本文化の源流』中公新書、二〇一〇年

和田英松（大正）の『大嘗祭に就て』は、おそらく公儀に文書として残された儀式次第を平易に解説したもので、秘儀の内実にはふみこむことはない。神事にかかわる建築史上の問題は、おおむね「おそれおおいことなので、これ以上は申しあげません」（伊東忠太の「日本建築史」）で打ち切るのが、帝国大学教授の守秘義務だった。

近代の文化人類学、言語学、とりわけ「支那の古い暦法を伝えた漢人種や朝鮮人種が、天孫民族と同時に、或いはそれ以前に、渡来していた歴史的な事実」などを駆使して古文献を読解し、国家的重要祭儀としての大嘗祭に、新しい解釈を加えた折口信夫（昭和）の『大嘗祭の本義』は「不謹慎の様に受け取られる部分、（中略）古代の宮廷の陰事をも外へ出す様になるかもしれぬ」と前置きして、「天子様の御身体は魂の容れ物」であり、「此肉体を充す処の魂は、終始一貫して不変である」とする新帝の「天皇霊受肉」説を提出した。戴冠しての神権受託者（『王の二つの身体』）とは異なる独自の儀礼によって『古事記』、『日本書記』が

編纂される頃（天武・持統帝）にこの公的儀礼が成立していたのである。西郷信綱は「大嘗祭の構造」（『古事記研究』未來社、一九七三）において、この儀礼を通じて、新帝は祖霊（天皇霊）を身体に受け入れることによって憑依し、変身すると論じている。夢幻能において、まずシテ方は鏡の間で正座して面《おもて》にむかい、これをつけ揚幕の横にある立ち鏡の前に移動し呼吸をととのえる。このとき、演じることになる役になりかわる。それが憑依だと語られてきた。このときの一連の所作は観客には感知できないが、シテ方にとっては、決定的な一瞬である。変身する。秘儀を暗闇のなかで演じている新帝は同様のプロセスで変身する。折口信夫のマドコオフスマ説はこの受肉が、中央に敷かれている衾《ふすま》（ここには蓐《しとね》もそろえてある）にくるまる儀式を古事記の事例に重ね合わせたにすぎない。先帝の遺骸か亀甲で卜定された斎国から献上された処女の役である陪膳采女との添い寝など妄想に近い諸説が乱立し、あげくに折口信夫の『大嘗祭の本義』そのものが否定される。

岡田莊司の『大嘗祭と古代の祭祀』は中央の寝床は単なる装飾としての「つくりもの」であり、これに斜におかれてむかいあう御座と神座でなされる神今食、つまり神人共食の所作（陪膳采女の祝詞が記録されており、このセリフからプロセスが復元された）だけがなされるとする折口否定説である。ここでは「大嘗祭の本義を求めて」が序文となっている。こんな論争は秘事、陰事である限り普通のことで、もっと多角的な論争に発展していいと思えるのだがそうはいかない。

工藤隆『大嘗祭――天皇制と日本文化の源流』によると、「宮内庁は、報道によれば平成二年の大嘗祭直前の一〇月一九日の記者会見で、大嘗殿では「天皇が神格を得る秘儀というものはない」ということを強調した。また「天皇は寝床には触れることすらありません」とも述べて、大嘗殿の内陣に置かれている「衾《ふすま》」(一種の掛布団)の中に新天皇が入ってなにかの所作を行うという空想(たとえば、眠る、前天皇の遺体と一緒に寝る、誕生した乳児としてその中に入る、女官と性関係を持つ等々)を全面的に否定したのである(「はじめに」ii頁)。

折口信夫の「本義」が岡田莊司の「本義を求めて」で否定されていたことをうけて、宮内庁は「天皇が神格を得る秘儀というものはない」と公式見解を発表しており、「皇嗣《クラウンプリンス》」の「いかがなものか」発言をうけて「本義に影響のない」範囲での工法・材料の見直し(建築工事現場におけるコストダウンのための変更)を発表する。規模の縮小は問題ない。だが、

- 廻立殿、悠紀殿、主基殿の屋根材を萱葺きから板葺きへ
- 主要構造体の支持柱を皮付き丸太から角柱へ

との記述は、黒木造りを白木造りへと変更することであり、この二点は大嘗祭の「本義」からはずれている、と私は判断する。新工法の採用によるコストダウンで、「いかもの」宮を建造する。正論を装うトリックがかかっている。

大嘗祭は伊勢神宮式年造替が創生されたのと同時期(天武帝期)に創出されている。折口信夫にはじまる「天皇霊」の受肉秘事説において、その霊は伊勢のカミであることが前提と

なされている（祝言、呪言が口伝されており、その心おぼえのメモらしい断片から推量される）。誰も疑っていない。宮内庁が「神格を得る秘儀はない」というのは、神格を得るとする定義は日本国憲法にも皇室典範にも記載されていないからトボケているだけで、閣議で予算執行が決まったから予算額以内で実施しようとしているに過ぎない。モリカケ忖度事件での官僚の答弁と変わることがない。「ほんもの」をつくって、正統的な手順でパフォーマンスされるなら反対しない。だが「いかもの」としての「らしい」ニセモノ宮でどんな演技がなされるのか。新帝が「神格を得ない」ならば、そもそも大嘗祭をやる必要はない。平成帝の江戸城大奥御殿跡地に建造された大嘗宮でも既に間違っていた。

悠基殿の内部では、南北軸で枕を南側に寝床が敷かれ、神座（誰もいない）と御座（即位した帝の座）が東南を軸にして、その横に斜めにむかい合う。その軸は平城京の場合は東、平安京で巽になった。いずれも伊勢の方角を指している。ここで、神人共食の儀の際に空席である神座には伊勢からみえないカミが招かれるとの説がうまれた。天皇が元旦に四方拝する際も、礼拝する方向にむかう。つまり礼拝する方向にカミがいると仮想する。二重橋での宮城遥拝も奥にいますカミ、あるいはカミ代理にむかってなされる。

平成の大嘗祭は古式にかえすことによって正統《ほんもの》の儀礼を回復することを新

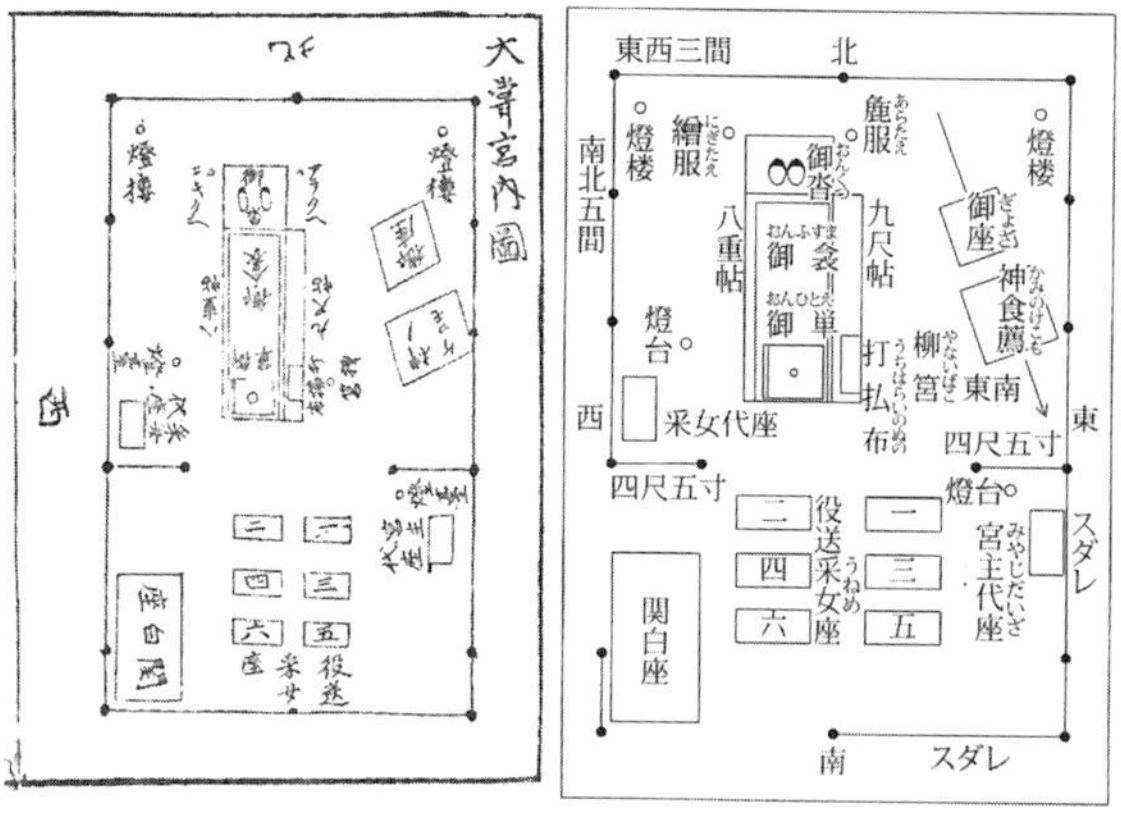

大嘗宮内図
工藤隆『大嘗祭り——天皇制と日本文化の源流』中公新書、2007年

帝は意図したと報道されている。記録によれば黒木造りであった。廻立殿を北側に配して、屈折した回廊がつくられた。しかし内部の諸調度の配置図、とりわけ神座、御座の軸線のある図は秘事なのか、どの研究書にも想定図しかない。平城京から平安京に移った際に、東から東南（巽）に変更されたように東京に移したならば軸線を西南西（？）へ変更したのだろうか。宮内庁は黙している。記録は口伝であるから破棄したとでもいうのか。宮内庁の発表する説明では天皇霊を受肉する儀式ではない、のだから。もし諸説共通する伊勢のカミの霊が憑依するというならば、東京では本殿の内部の所作すべて逆勝手でやらねばならなかったはずである。このような方位とからむ行為（所作）論が語られるようになったのは極く近年のことだから、平成帝のときは京都でなされた形式を継いだとしたならば、平成帝が受肉したカミは巽のカミ、太平洋のかなたの宗主国の魂（民主主義）だったのではないか。私はこれ以上秘事にふみ込む資料をもたない。平成はおわった。現時点でも遅くないから、令和大嘗祭は大正、昭和のように京都仙洞御所跡地で催せ、と提案したい。ここには「ほんもの」をつくる技術も条件もすべて存在している。平成帝の譲位の「おことば」に隠された意志はまったく受けとめられていない。ただひとつ赤坂真理の『箱の中の天皇』（河出書房新社、二〇一九）が箱＝容器《リセプタクル》＝天皇の身体というメタファーを介して「おことば」の背後には父帝がマッカーサー将軍と並んで撮られた一枚の写真から推量できるように、天皇霊を宗主国に売り渡したために、容器《リセプタクル》が空《から》っぽになった歴史をたくみに浮きあがらせている。やはり平成帝はアメリカ民主主義に洗脳された、という説（前号）を信じたくなる。平成の大嘗祭が江戸城大奥御殿跡地で上演されたとき、神座、御座の対面する軸線を巽の方向にむけたままで（古式にならう）実演されたのならば、箱＝容器は「空」だとする、象徴天皇の「おことば」に石牟礼道子さんらしい老婆が感じる違和感を語る赤坂真理は、前回の大嘗祭の位置決めによる軸線の方向の所在を見抜いていたのである。まだ遅くはない。令和の大嘗祭は京都仙洞御所で催すべきである。平成帝最後の行幸は伊勢神宮だった。天皇はその足で仙洞御所を訪れている。下見に行かれたのであろう。

II

双制 デュアル・システム

一

雪舟の〈天橋立図〉は諸国名所絵図を北側から見降ろした鳥瞰図の手法で描いている。右下の海上に真名井神社の神体島（宗像大社の沖ノ島にあたる）、沓島、冠島が視界の外にあるにもかかわらず無理な位置に描かれている。これらを取り込んだ籠神社（別格官幣大社）の参道が天橋立である。この絵解きを雪舟に注文したのが当時籠神社の宮司をしていた海部氏で、伊勢神宮の外宮（豊受大神宮）がこの地からまねかれた（元伊勢）由来をひそかに伝える意図があった、といわれる。この籠神社の秘伝に「豊受《トウケ》大神亦名天御中主《アメノミナカヌシ》神亦名 天照《アメノミナカヌシ》大神」とある。ひとつの解釈は、大嘗祭の悠紀殿が伊勢の外宮に相当し、祭神は天御中主神。主基殿は内宮で祭神がアマテラスオオカミ。それを縄文期の在来神と弥生期の外来神に当てる説もある。とはいえ外宮は「止由気宮儀式帳」にみえるように祭神はトウケオオカミで天御中主神は両宮の上位神であるとみるのが『古事記』の神話である。

天武・持統帝の二代の間（六七三―六九七）に『古事記』の編纂が発願され、伊勢神宮の式年造替制も大嘗祭も同時期に成立した。道教、仏教、ゾロアスター教など

の数々の宗教が流入する過程を経てきた列島は、在来の無文字社会の文化にうみだされた慣習に遡りながらそれを復古的に再編した。このときひとつの国家が壮大なフィクションとして捏造《フレームアップ》される。ひとつの神話がひとつの民族を支える。流浪の民の末裔でもあるグリフィスがハリウッドで『国民の創生』（一九一五）を制作したのは、神話を再語りすることで、ひとつの民族が持続されていることを証明するためだった。以来一〇〇年間にわたりハリウッドで制作されるすべての映画は、『スター・ウォーズ』をふくめて、その始源からの創生と読み替えうる。対して、天武・持統期のフィクショナルな捏造《フレームアップ》は「双制」に基づく「反復」である。由来の異なるシステムを併置してひとつにまとめた祭儀が繰りかえされる。内宮・外宮、悠紀・主基のように同形の宮を並べ、同じ行為を重ねる。対してバイブル由来の終末論的時間がみちびいた近代科学の絶対時間は、過去―現在―未来として単線的時制である。一方、天体運行の観察から暦制として組みあげられた（易経）東アジア文化圏では、九鬼周造が定義するように回帰的時制である。天皇の代替りの儀礼も回帰的時制に

ノロ継承祭儀	△「水撫で」 神前に供えた水を四回ノロの額につける。（祓いをかねて神に通ずる新しい生命を注ぎ込む）島袋源七解釈	△「神霊ヅケ」 洗米を三粒ほどつまんで頭にのせ、継承する神名を称える。これを四回繰返す。 （「新神憑降り」の作法）	△「神酒モリ」 素焼の杯についだ神酒の御初を注ぎ込む。神人も相伴する。（共食儀礼）	△「神と共に寝る」 午前三時頃神人たちと夜食をすませ御嶽の中で一泊する。蓙の座にノロが寝る。もう一枚に神が寝る。（天皇と結婚する意味の儀礼）
聞得大君お新下り	△「大グーイ」の儀式 聞得大君を神座に着かせて王冠を頭にのせ「聞得大君みおうしぢ」と称える。	「ユインチ」「神前巡礼」 「サングーイ」 （ユインチ＝寄満 ＝タツの方位＝南東） （サングーイ＝三庫裡 ＝ウシの方位＝北北東）	△「御待御殿」儀式 午前三時から金屏風を立てまわし、二つの金の枕が用意された部屋で一泊する。一つは大君の枕。一つは神の枕である。（神との結婚）	
天皇大嘗祭	△「神との共食」 箴外の東と西方向にあたる二国を卜定して稲米を献上したもの。また二国からの供物を神前で神と共食する。この二国を悠忌・主基国という。	悠忌・主基殿構成 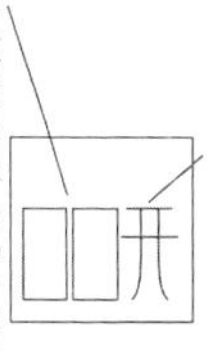 「悠忌」殿 「主基」殿　巡回 御膳（東又は東南） 寝具（八畳の上に敷く。机、フスマ、寝具のスソに杖や履物）	△「神と共に寝る」 午前三時頃から天皇は寝具に寝る。他の寝床は神である。 神↔代理↔安女	

表（1）宗教的威力（macht）の継承方式

右頁｜雪舟《天橋立図》1501–6年（京都国立博物館所蔵）。右下海上に沓島・冠島が描かれている。

左頁｜吉本隆明『全南島論』作品社、2016年、233頁。内部の説明図は不正確（前節の挿図を参照せよ）。

よってのみ説明できる。吉本隆明はこのフィクショナルな制度を擬制と呼んだ。その解体を目論んで『南島論』に取り組んだ。彼にとってはこれが天皇制論だった。

平成帝が即位した直後（一九九三年）に、伊勢神宮の造替の式年がまわってきて、八年の準備期間を経て新築された。御神体が移動する遷御前の二日間、建築記録写真の撮影が許可される。私は撮影助手の名目で全身白衣の姿で境内にはいることができた（本殿内部は不許可）。天武・持統帝の時代に造替制がはじまったが、そのときの姿はない。完全に同一型《アイデンティカル》に造営される。とはいえ、その年までに六〇回繰りかえされて現前しているモノは、当初の姿とは違っている。多くの論考はその由来に遡及するが祖型は闇のなかに消えている。まったく新しく彫られた桧材の棟持柱をみて、「起源《オリジン》を問うな、始源《ビギニング》をこそ語れ」、（「始源のもどき」『建築における「日本的なもの」』新潮社、二〇〇三）がただ一つ語り得たコトバであった。単線的思考ではイセの謎は解けない。

始源とはひとつの制度がはじまることである。式年（二〇年ごと）に造替する。内宮の双系として同型式である外宮の宮司度会氏の神仏習合論（本地垂迹説）に強く惹かれた。双系を成立するために内宮の北西の位置に呼ばれた家系である。ひとつの文字を訓と音で読むように、ひとつの名を本地と垂迹に重ね合わせる。双系的思考を宿命的に引き受けるポジションにある。

内宮だけでなく何故外宮があるのか、天子の肉親から斎王が派遣されるが何故二〇キロも離れた位置に斎宮はあるのか。宮内庁に務める専門家に尋ねた。「そんな具合にきまっているのですよ」——?

もういちど太い棟持柱に近寄り見上げる。写真家(石元泰博)は物質的存在感にあふれた写真をのこすだろう。この位置に一二〇〇年あまり昔から在ったと語られても、まだこの本殿床下の榊で覆われた心の御柱(御神体)はまだ渡御していない。御神体の容器としての本殿を支えるとしても、それはたった今、存在を開始したにすぎない。こんな想いにとらわれる。突然密実な柱の存在が影(仮象)のように思えてきた。イセはフィクショナルな幻影ではないのか。

あげくに唯一納得できたのは、建築《アーキテクチュア》は物《モノ》ではなく出来事《コト》である、とする視点だった。

〈建築〉≠〈アーキテクチュア〉(『瓦礫《デブリ》の未来』「巨大数」)

無意識のうちに起源《オリジン》を尋ねている私に気付いた。近代科学的時制にとらわれている。式年造替制や大嘗祭が制度化したのは回帰的時制だったためだ。同一型を模造《もどき》することだけを思考する。起点はない。だがその一点が存在しない限り、設計図は描けない。起源《オリジン》としての原点は……。白紙に設計図を描きはじめるとき、仮定的《テンタティヴ》に一つの点、もしくは一本の線を引くことを思いだした。

双制がイセの謎を解く鍵である。

六世紀に仏教が伝来。崇仏派（蘇我）と排仏派（物部）の対立が続く。仏教を統治手段として受容するか否かの権力闘争だった。百済は朝鮮半島南部の諸国対立のなかで倭国と結ぶ手段として、仏舎利・僧・寺工・鑪盤博士・瓦博士・画工を送る。飛鳥寺（五八八）建設のための、ソフト、ハードの全面的支援だった。このとき初めて神学的体系をもつ宗教を倭国（大和）は受容した。一世紀も経たぬうちに南北アジア政情は一変、百済救援にむかった倭（大和）の海軍は白村江《ハクスキノエ》で大敗（六六三）。大宰府の水城まで後退して防衛線を張る。律令制は国家として先進国の中国が組みたてた統治システムである。これを受容し国家的制度を仏教で補完する。寺院建築や仏像は眼にみえる偶像である。敗戦処理が壬申の乱（六七二）の政変で終了。天武帝と皇后持統帝は復古的なイデオロギー改革に着手する。まず大王《オオキミ》を天皇《スメラギ》と記し日本国と称し、その歴史編纂を指示する。成立するのは二〇年以上経ってのことだが、まず口承されていた古語で『古事記』の物語を語り、漢字を発音記号として記符した。ついで『日本書紀』が正統な漢文で記述される。ここでは中国の史書の構成に準じて異説も併記されている。それまでは口承でアイヌの『ユーカラ』を語るようだったのだろう。祝言や呪言や相聞歌が詠われ、仮名で記符され『万葉集』になった。『平家物語』が語りであるのはこの名残りだろう。

この時のイデオロギー改革の特徴は、列島という辺境の無文字社会が先進的な制度や文物を受容する際に同時翻訳の記法をとりつづけたことにある。平仮名、片仮名がつくりだされた。シンタックスが異なり字順も違う両言語を往還するような記符法（返り点）をうみだした。双制的思考を可能にする記法である。漢字仮名交り文としての今日の日本語が出来上がる。私はこのような事例が建築のデザインや美術の表現技法にもみられることを通じて「和様化」と呼んだ（『建築における「日本的なもの」』）。文字そのものが生みだされた中国の文化へも、無文字社会列島の古語文化とも連なっている。バイリンガル的である。もっと裾野がひろがるバイカルチュラルな思考法である。歴史的にはときに国学的になり〈からごころ〉と〈やまとごころ〉の二者択一を迫るような事態がしばしば起こる。ゆり戻しもくる。決着をつけない。両義的《アンビギュイティ》思考である。この双制的な手法は天武・持統期のイデオロギー改革を起点（初源）にしている。〈やまとごころ〉を賛美する本居宣長本人は〈からごころ〉の人だった。同じ連結的《カップリング》思考は紀貫之の和漢両様の『古今和歌集』序にみえる。男手（漢文）女手（仮名文）を併記するトランスジェンダー思考である。

　外宮の宮司である度会氏の神仏習合論（本地垂迹説）は逆流して、逆本地垂迹説となる。この過激な逆転は双制記号（1・1）の中間にある「空」に由来する。インドの諸仏が日本に垂迹して、それぞれ習合した説に対して、

伊勢神宮、内宮と古殿地。境内は明治期に整備されて広くなったが、双制で式年造替の制度は変っていない。

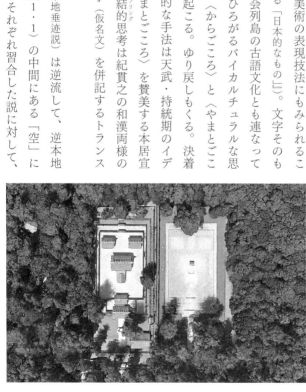

ここでは逆に日本の神々がインドの仏へ垂迹し習合する。日本の神々が外来神として扱われている。この逆説の出処は日本の神々の総本家にあたるイセの外宮である。カミの存在が絶対的な唯一神、一者であるとみていない証拠である。そのような神々の体系は、まさに天武・持統期のイデオロギー改革がフィクションであった証拠である。この初源が反復されている場の只中にいる神学者である度会氏であることに改めて注目しておく。若狭の真名井から招かれた豊受大神《トウケ》を祀る外宮宮司である。

隠された起源が誘惑している。

同様な事態が設計を白紙《ゼロ》のうえで始めるときに起こる。基準点、あるいは中軸線がまず必要になる。神話も設計図と考えられる。このときの基準点は、語り始めの一言である。『古事記』の神話が語り始められるとき、独り神天之御中主神《アメノミナカヌシ》が登場する。高御産巣日神《タカミムスビ》と神産巣日神《カミムスビ》がペアの独り神として記される。三尊の中央に天之御中主神《アメノミナカヌシ》が置かれる。習合論では、この神は道教の至高神としての北極星に相当する。造化神としてのデミウルゴスである。だが、日本神話では何の役割も与えられず姿を消す。河合隼雄の「中空構造論」(『中空構造日本の深層』中公文庫、一九九九)では虚の存在とみられている。プラトンの『ティマイオス』において擬人化されたデミウルゴス(造物主)は存在を生みだす振動を発生させている。私は宇宙生成神話の設計図(構想)に共通している仮定存在の神格化と考える。出来上がったら消去される仮定的《テンタティヴ》な仮想点である。

倭姫命《ヤマトヒメ》に憑依させたアマテラスを磯宮（斎宮）に鎮座させる。内宮が設立され、ついで若狭の真名井から御饌都《みけつ》の神を呼び外宮が設立される。造替のための新古の殿地、〈時間〉にたいして、内宮（祈）外宮（饌）の日常の場〈空間〉を設置する。双制が時間、空間を創りだしている。双系制という用法は母系制、父系制など家族構成を文化人類学的に分析するなかからうみだされた概念である。私がいう双制《デュアル・システム》は近代科学が定義したTIME・SPACEの概念さえ必要とせずに、その両方をたったひとつの感覚〈間〉で感知することである。社会制度化していた事例（式年）が、一五〇〇年以前から続いて現在に至るまで、反復しつづけている。すなわち回帰的時制がそれを保持する社会的制度とともに存続している。文化人類学的事例なのか、非近代的アナクロニックなシステムなのか、いまは問わない。コロニアルの時代ならばエキゾチックで特殊性《ペキュリアリティ》とみられただろう。ポスト・コロニアルの文化ナショナリズムをいう時代ならば独自性《シンギュラリティ》の事例にされただろう。いずれにせよロゴセントリックな西欧中心主義的モダニズムが解釈する視点である。そこでは〈時間〉と〈空間〉を連結させて、共通の次元問題に整理し、さらには（0・1）だけを使うチューリング・マシンによって、全情報がデータ化される。全世界がそのテクノロジカルな展開で説明可能だと信じられている。単線的思考である。

いっぽうで双制《シンギュラリティ》は（1・1）で表記できる。順序と間隔だけがある。双制は碁石のように白黒の点で全世界を説明する。双は二ではない。無限の1である。無限に宇宙が並行して存在することである。1と1の間にある間隔すなわち「空」が宇宙全域に浸透している。宇宙の存在原理を双に絞りこみ、これが社会システムをつくりだしたと考えている。東洋の古代に始まったこの思考法はマシン・テクノロジーの時代（一五世紀）に遅れをとった。だがメディア・テクノロジーの時代では双制思考がはるかに有利に作用することは予測できる。私は新説をいうのではない。『老子』が原理を語り『荘子』がこれをシステム化し、『淮南子』が総合した東洋の自然学を理解しないと、天武・持統朝のイデオロギー変革が、今日の日本列島の思想にまで圧倒的に影響している理由を説明できない。それがバイオ・テクノロジーをプロモートしていくことはいずれ語るだろう。

*

日本海側を南下し、琉球列島にわたり、御嶽で「何もないことの眩暈《めまい》」を感じとった岡本太郎は久高島に渡り「久高ノロ」に逢う。捜し求めていた「ほんもの」のシャーマンだった。とってかえして高野山に登り、空海の『十住心論』と格闘する。はじめてのレトロスペクティブ展（私は会場構成を担当）の入口に、「芸術は呪術だ」と大書した。一九六六年一二月二六日（から五日間）の「イザイホー」に遠巻きながら参加する。そして「呪術は芸術だ」と自説を改める。近代芸術アバンギャルドから文化人類学者になった。吉本隆明は戦略的に南島を論じた。「南島の継承祭儀について——〈沖縄〉と〈日本〉の根柢を結ぶもの」（『全南島論』作品社、二〇一六）では地域共同体を司るノロの国家的な首領である聞得大君の継承システムを日本の大嘗祭の継承システムと比較する。天皇制を撃つことが目標だった。両者とも日本＝東京に違和感をもっている。それ故に沖縄に足を運ぶ。何故日本復帰するのかと、いいたげである。

到着した沖縄本島は聖夜《クリスマス・イヴ》でヴェトナム帰休兵でごったがえしていた。軍用桟橋に輸送船が兵隊を満載して到着、彼らを夜の灯の盛り場にむかって放していた。聖地が異国の聖夜では土足で穢されていた。翌朝、数々の戦没者慰霊碑をみて、「ああ、ここに代表された無神経「日本」。（中略）――だから沖縄の人に強烈に言いたい。沖縄が本土復帰するなんて、考えるな。本土が沖縄に復帰するのだ、と思うべきである。そのような人間的プライド、文化的自負をもってほしい」。

（岡本太郎『沖縄文化論――忘れられた日本』中公文庫、一九九六）

――〈行くも地獄だ、帰るも地獄だ〉、つまり、〈いても地獄だ。退いても地獄だ〉、ぼくはそのように云ってきました。沖縄返還とか奪回とか復帰なんてナンセンスだと主張してきました。（中略）怒ったって、あてこすりでしか怒らないので、本当はもっと根本的に怒らせないといけないとぼくは思っています（笑）。

（吉本隆明『全南島論』二二四頁）

「核抜き本土並み」と佐藤栄作は交渉成果を説明するが、密約があった。ヒロシマ・ナガサキの七〇倍クラスの原発を含む一三〇〇発が保管されていた。枯葉剤とともに沖縄全島民を瞬時に窒息死させる一万三〇〇〇トンのVXガスなどがストックされていた（NHKスペシャル「スクープドキュメント　沖縄と核」）。

B–52が姿をあらわしたとき、沖縄はヴェトナム戦後方支援基地から、前線にかわった。冷戦期に核搭載用に開発されヴェトナム戦では「死の島」と呼ばれた。C–123はベトコンが身をひそめ南下する森林を裸にするための枯葉剤散布に使われた。昭和天皇が提案した二五年または五〇年リースの前期が限られた頃、沖縄本土復帰が段取りされる。

本土では大阪万博EXPO'70が終わり次の巨大開発プロジェクトとして「日本列島改造論」が登場（田中角栄の政策の具体案は後の国土庁事務次官下河辺淳）。関係省庁は先陣争いを開始する。既存自治体には五五年体制下で積み上げられた数々のしがらみが絡み合いプロジェクトは容易に滑らない。官（中央政府・地方自治体）民（開発業者）一体の改造論の矛先は基地の島沖縄にむかう。本土復帰にあわせて万国博が誘致された。先回は外局の通産省が先導したために、内務省が主導権を握るのに手間どった。列島改造のモデルとして、北部、中部、南部を縦断する国土インフラ網を設定する。「沖縄国際海洋博覧会」（一九七五—七六）開催用地の本部町は沖縄本島を縦断する都市インフラの整備のターミナルポイントである。

柳田国男（『海上の道』）以後本土側の研究者が琉球を朝鮮や台湾と並べて旧植民地のよう

に扱ってきた研究が多いなかで、岡本太郎、吉本隆明は日本と比較することによって沖縄の文化に独自性を見出そうとしている。相対化することにより日本を批判する。皇居のある東京人の視点である。分析の手がかりをデュルケム由来の宗教社会学に求めている。岡本太郎は画家としてアブストラクシオン・クレアシオン展でデビューはしたが、マルセル・モースを聴講し聖社会学に接近した。吉本隆明は「南東の継承祭儀について――〈沖縄〉と〈日本〉の根底を結ぶもの」(『全南島論』)ではモースの弟子筋のクロード・レヴィ＝ストロースの構造主義的方法を手がかりに「祭儀論」を展開する。琉球主家の巫女としての聞得大君(王族の女性)の斎場御嶽《せーふぁーうたき》における戴冠(御新下り《おあらお》)の過程を現地に赴いて細かく分析する。そして「イザイホー」の催される久高島が一望できる地点が儀式のプロセスに組み込まれていることを確認する。即位した新帝の神権受託儀礼、大嘗祭がそれに類似していると考える。細部は間違いや不正確な記述もあるが、南島と日本の首領継承儀礼のなかで、宗教的威力(Macht)に授受の類似を比較する。

世俗統治者としての身体と神権(宗教的威力)受託者としての身体の二重の身体をあわせ持つことによってはじめて天皇になる。すなわち天皇制の隠されている根拠がここにひそむ。琉球はヒメ・ヒコ制である。同じく、天皇家はイセに斎王を送っている。今日でも黒田清子が祭主を務めている。斎王は天皇の巫女である。『日本書紀』「崇神紀」に「倭の笠縫邑に神籬をたてて祭った天照《アマテラス》大神を豊鍬入姫《トヨスキイリヒメ》命から離して倭姫命に憑依させせ」鎮座の場を求めて巡幸して伊勢に到達する下りがある。この記述で注目すべきは、巫女としての斎王に霊を付託して移動させることである。憑かせる、といっている。ノロも聞得大君も大嘗祭における即位式を経た新帝も「此肉体を充す処の魂は終始一貫して不変」（折口信夫『大嘗祭の本義』）な神霊を容器《リセプタクル》としての自らの身体に容れて、変身するための祭儀である。岡本太郎は巫を探して久高ノロに出逢った。太郎はモノに憑かれたように人が変わった。自ら覡《かんなぎ》になった。「明日の神話」も「太陽の塔」もその後の仕事である。

吉本隆明はノロも聞得大君も、大嘗祭で神権を得る天皇も巫であることを語らない。統治権力を宗教的な要因が支えていることは論じるが継承儀式の主役がカミを受肉することを敢えて認めない。たいして対幻想から家族へ、さらに共同幻想から国家へと統治権力が制度として支配する社会的構造を批判する。南島論を天皇制論に結びつける。そのための「宗教的威力（Macht）の継承方式」で若干の事実誤認が起こっている。「神と共に寝る」（ノロ）、神との結婚（聞得大君）、神↕代理↕采女（天皇大嘗祭）と、これらの継承儀式の次第を神との結婚式（対幻想）とみている（平成以降の大嘗祭論は、宮内庁も含めてこの所作を否定している）。平成期以降に注目される神座のおかれる方向が示す来迎神との神今食、つまり神人共食による〈うたげ〉とみる視点に私は賛同する。神を受肉して巫に変身する。双宮で同一の所作を繰りかえすことによって生ずる「間」が歴史的な時間を生成させている。

悠紀殿、主基殿は黒木造りでなければならない。春日若宮「おんまつり」の御假宮（行宮）は毎年わずか一日のカミの遷幸のために建造される。八八三年繰りかえされてきた春日造りである。大嘗宮は柴垣で囲われ、屋根は茅葺で、大工秘伝書でいう神明造りを簡略化している。「おんまつり」の社殿には土壁が塗られるが、茅を編んで囲いをつくる。扉はなく布が下げられる。宮廷内で催された記録をみても徹底して黒木造りである。カミは即席の仮屋にのみ降臨すると信じられていた。姿はない。みえない。だが気配がうごく。太陽が沈み、曙まで。収穫祭に始まるとしても、大祭りは冬至の前後に催される。夜が一年中でもっとも長い。「イザイホー」も屋根だけの神アシャギの四方をクバを束ねて塞ぐ。中央の狭い入り口もクバの葉を編んだ戸を立てかける。そこに一枚の板が敷かれる。七つ橋に見立てる。忌屋に籠ることによって、はじめて神女、巫女にうまれかわる。

ノロ（イザイホー）・聞得大君・大誉祭の継承儀式を比較した吉本隆明のひそかな意図は、琉球の尚王朝が崩壊したのだから、同じくフィクションである天皇制も崩壊するに違いないと、推量したと思われる。王制は消滅したが、ノロも聞得大君も今日、存続している。大誉祭も令和帝のために段取りされている。だが、宮内庁の発表や応答をみると、骨抜きにされている。「もどき」されている。継続されるのは天皇霊（折口信夫）である。はたして次の冬至のまえの卯日に催される大誉祭で、新帝が受肉するのか否かは秘儀であるため、誰も語り得ない。文字による記録も映像による記録もなされまい。口承なのだろうか。秘められている。

そこで誘惑が始まる。

双制はバイリンガル的思考法である。ひとつの喩えとして〈建築《アーキテクチュア》〉を挙げた。ロラン・バルトの『S／Z』（一九七〇）やミシェル・フーコーの『これはパイプではない』（一九六七）などが発表され、最新の言語／記号論として極東に船便でその原書が到着する半世紀以上むかし、日常的に仕事をするなかで突き当たる疑問、イメージ／かたちの立ち現われを説明する手がかりを探してきりきり舞いしていた。国内情報についても同様だった。

たまたま私の大叔父が日本画家で、師匠がその五代前の南画家田能村竹田であると聞いてはいたが、戦後の焼け跡で図書館も美術館も消え失せたなかでは手がかりがない。時が過ぎて中村真一郎『木村蒹葭堂のサロン』（新潮社、二〇〇〇）ではじめて、このサロンに田能村竹田が訪れただけでなく、長崎で彼はもっぱら中国の『画論』や模写された数々の資料を競って収集していたことを知った。当時私は大分を離れて、東京で流民を自称していた。縁があって軽井沢に小屋を構えた。同じ敷地に辻邦生の小屋も設計したため「軽井沢高原文庫」と知己となり、ここに立原道造、中村真一郎の詩碑をデザインした。「中村真一郎は小説に行き詰まると漢学の教養を手がかりに江戸文人の研究を暇つぶしのようにやっているけど、これはほんものだね」と加藤周一氏から雑談のように聞いた。

かつて文人の茶室を尋ね歩いた。「詩仙堂」と「竹田荘」に注目した。「囲い」としての「侘び」茶室とは異なる。「和漢のさかいをまぎらかす」茶席である。日本文化論として、本居宣長が「やまとごころ」／「からごころ」の趣向二分論を説いたことが決定的な基準になり、ほとんどの日本文化研究はこの二分法で歴史的に遡行し、神仏習合論や万葉仮名成立の由来まで、同様な論法がみられる。江戸システムは宣長の国学で二つに分断、いや「やまとごころ」一辺倒にみえるけど、私は逆に「からごころ」への憧れによってこそ江戸システムの独自性が成立したと思っており、それが江戸の文人たちの思考法だったと考える。鎖国の只中である。そこで、木村蒹葭堂や田能村竹田の長崎出島を介しての資料収集法は、私の学生の頃の『S／Z』や『これはパイプではない』の収集法に近かったのだと推量できる。鎖国／占領下の閉ざされた文化的辺境を問題構制できる。

侘び茶室でない茶席をみつけようとしてひとつのエッセイを書いた。これを『壺中天』と題した。井の中の蛙である田能村竹田が殆ど生涯をかけて書

田能村竹田《暗香疎影図》
1831年（大分市美術館蔵）

き継いで没後に出版された『山中人饒舌』はヴァザーリの『画家・彫刻家・建築家列伝』と肩を並べて論じるに値する。「饒舌／列伝」論を書きたいと考えている。『山中人饒舌』、『画家・彫刻家・建築家列伝』、共に評伝と評価の羅列である。『建築の解体——一九六八年の建築状況』（鹿島出版会、一九九七）を「症候群《シンドローム》」として整理した。同じく『饒舌』、『列伝』を症候群《シンドローム》としてその思考形式をとらえてみたい。

文人好みの茶室として京都三本木の頼山陽の「山紫水明処」が挙げられる。庭園にひらいた六畳の隅に浅い板床があり、出窓を兼ねた付書院がつく。細部は武家屋敷の書院造りとはちがい、町屋風である。数寄屋造りではあるが、はたしてこれを茶室と呼べるか。私はむしろ書堂と呼ぶべきだと考える。同じ趣向の建物に詩仙堂がある。石川丈山は家康近習で武功をたてながら、京都修学院に隠栖した。漢詩三十六歌仙の祠堂をはじめ礼堂などがあり、道教的な気分がただよう。ここでは望楼が目をひく。階段を含めて四畳敷き。中国の阿屋《あずまや》に似せて丸窓がうがってある。残りの開口部は突き出し窓。障子が填まっている。

竹田荘「花竹幽窓《かちくゆうそう》」は、武家屋敷の主室のひかえの間に小庇をだしその下を二畳の小間として囲っている。ひかえの間との境はフスマ、壁は和紙貼り、そして開口部の細部は詩仙堂の望楼そっくりである。その部屋の命名は、頼山陽の「山紫水明処」を想わせる。天井だけが違っている。ひかえの間の棹縁天井と区切って、ゆるやかなカーブをした船底天井である。この狭い部屋を苫船の船室に見立てているのであろう。「囲い」と呼ばれていた「侘び茶席」

のような低い天井であったので、多くの本では、この部屋を茶室と呼んでいる。竹田が加わった頼山陽のサロンでは、煎茶がたしなまれていたので、文人茶席とみられたのであろうが、これは竹田の書堂または画室であったというべきだろう。彼はこの狭い小間を山水画のひとつの主題としての漁樵問答のなされる船上の人物に我が身をなぞらえていたと私は考える。

*

竹田は三七歳で隠居の身となった。百姓一揆に同情し「建言書」を提出したがもみつぶされ、仕官の身からフリーランスとなる。頼山陽が武士の身分を捨て出奔したことを見習ったと思われる。数年後、その山陽が熊本から日田へ旅する途中、竹田を訪ねて岡藩に来訪、自宅の竹田荘に滞留させた。このとき山陽の寝所は母屋二階の対翠楼であっただろう。彼の好物、灘の名酒をとりよせてあり、滞在を延長させた。文人墨客としてのもてなしであった。既に二〇歳代から藩御用として、江戸へ出張する途中、京都難波さらには瀬戸内諸港を旅する芸能者のたどる道筋に加わっていたか。いよいよ職業画家として出発する。そのきっかけが、『日本外史』の著者頼山陽の竹田荘滞在演出であった。

竹田荘母屋 © 竹田康訓
（竹田市ウェブサイト：https://www.city.taketa.oita.jp/bunka_rekishi_kanko/yugakukan/3567.html より）

*

年譜（宗像健一編）によると、文化五年（一八〇八年、三三歳）二、三月頃「竹田荘の庭を整理する、また二畳程の茶室をつくる」とある。この年に《沈石田法山水図》が描かれている。朝早く起きて、裏山をあおぎ、峨嵋山をもじった室名「三我」書室において沈石田のスタイルで描いたと重識に記されている。この書室が年譜にある二畳程の茶室であるとすれば、まだ「花竹幽窓」とは命名されていなかったと思われる。

五年後（一八一三年）に《山水図》が描かれる。臨写したのでも、先達の法に習ったのでもなく、ここでひとつの達成感を抱いたのであろう。「山水図」とだけ題している。款記に「癸酉六月写於花竹幽窓」とある。母屋の東に土蔵を改造した蔵屋敷がある。その白壁を背景に小さい箱庭のサイズの庭園がある。「花竹幽窓」の南東側のシトミ風の突き出し板戸を跳ね上げたときに眼に入る。左手にやや尖った安山岩が立てられ、右手に平たい石が伏せられ、その中間に曲水風の小さい池がある。それに盆栽のような低木がそえられている。坪庭のクリシェである。年譜の「竹田荘の庭を整理する」との記述が蘇州の大庭園隅の光庭や渡廊わきなどにちょっと眼をひくように組まれた石組に似て、小ぶりである。はじめて竹田の画風が確立したメルクマールのように評価されている《山水図》をこの坪庭の姿と比較する。そっくりである。《山水図》はこの坪庭を写したのか。盆石を前にして和歌がつくられた日本の故事や、《蘭亭序》にみられるように曲水の宴で、流水の横に座して壮大な宇宙を想う宴を想起したのか、画家とモデル（模型）関係がうかがえる。沈石田（南画学習）から頼山陽（文人サロン）へと、自らの生きかたを翔ばせたのだった。

*

『木村蒹葭堂のサロン』で中村真一郎は「田能村竹田は今日の言葉でいえば、国際的前衛芸術家であった。（中略）そうした作家の第一の特徴は「郷土と国境とのない」点にある」といっている。コクトー、ピカソ、ジョイス、リルケ、バウンド、シャガールなど故郷喪失者をひき合いにだしている。彼自身は戦中から戦後にかけて、フランス文学を研究した前衛作家であったから、ひき合いにだされたヨーロッパの作家たちは限られている。モダニズムをその限界に追いつめたアーティストたちのリストである。

私は一九六八年を「ユートピアの死」すなわち前衛概念終焉の区切りとみている。それ以降はポスト・アバンギャルド。美術界の用法に従うならばコンテンポラリー（現代美術）であり、すべて故郷喪失者の仕事になってしまうし、前衛《アバンギャルド》が歴史的な概念になったので、まったく違った作家名がリストアップされるだろう。ともあれ中村真一郎は日本列島において、一九世紀の第一・四半世紀（文化・文政）に町人を中心に独自に成立した文化空間としての「文人サロン」に注目する。大阪の「木村蒹葭堂のサロン」と京都「頼山陽サロン」である。田能村竹田は豊後、岡城下にすまいながら、この両サロンに常時顔出ししている。ひっきりなしに旅をしたわけだ。西下した突端は長崎。ここで蒹葭堂はオランダ情報と博物学的珍品をあつめる。竹田はもっぱら中国から輸入される書籍を入手し、中国の渡来人から発音を学ぶ。そしてとりわけ詩論、画論の類いに関心をもち、読み解こうとしている。アカデミックな知識としてではなく、画家として実践的な画論を展開するためであった。『山中人饒舌』がその集大成であったと思われる。大阪での再校正中に没した。中村真一郎が竹田を国際的芸術家と呼ぶのは、この遺作が中国画論の正統である董其昌の説を軸にして閉ざされた鎖国日本独自で展開をした、江戸、京、大阪、西国の画家を列伝風に批評しているためである。禅が宋の滅亡とともに日本に輸入されたのに似て、南画は明の滅亡と同時に同じ道をたどる。いずれもが〈わ〉様に崩れていくなかで成熟し、あらためて〈から〉様の正統を学びかえして変成を開始する。文化・文政期は「和様化」の捻じれた最後の時期だった。こんな文化的爛熟期にはじめて辺境のオリジナルがうまれる。正統を単に崩したのではなく、崩れた全過程をふまえて、正統の一歩先にでようとする。補完のために求められるエキゾティズムは消えている。

＊

「竹田における故郷志向と国際化との逆説的関係」について、前記の著作で中村真一郎は次の五項目を挙げて、それぞれ二〇世紀最初の四半世紀の芸術家たちの事例と比較している。

第一・前衛芸術家

第二・実生活との戦い

第三・革命の挫折と純粋芸術への道

第四・芸術的前衛

第五・社交界人

前衛《アバンギャルド》的という表記は、竹田その人の画風の説明には無理がある。それを現代批評《クリティック》的と読みかえると文人（詩人）としての竹田の立ち位置がさらに広いパースペクティブのなかに置けるではないか。官俗から脱して琴棋書画をたしなむことが文人の定義である。第二・実生活との戦い、第五・社交界人は他項が芸術家論であるのに対し、ノン・プロフェッショナルとしての文人論である。芸術的方法探索、社会的脱俗志向において、ラディカルであったといえるだろう。

＊

蔵屋敷の壁を背につくられた縮景模型のような坪庭は《山水図》（一八一三）の描かれた「花竹幽窓」の窓からみると、この画の構図そっくりにみえる。私は竹田が二畳間の画室でこれを描いている光景を想像する。この立体的縮景モデルは窓のフレームごしに出来上がっていたとすれば、眼下の盆景を手がかりに壮大な山容を思い浮かべていたのであろうし、もし後年つくられたのならば、この《山水図》を立体化したのだともいえる。いずれにせよ、そのイメージ（構図）が竹田の脳内に立ち上がっていたことだけは確実である。

侘び茶席としての「囲い」の窓は明りとりの機能だけで、外の庭をみるものではない。中国文人の喫茶の席は開かれている。外の景色を眺めるためのものだ。南画では、壮大なひろがりをみせる山水のなかに、点景のように人物が配される。立ち姿で眼前の山容をみあげている。茶亭のなかから外の光景をみている。苫船から水辺をみている。その描かれた自然の光景を感知しているひとつの視線の位置が設定される。さらに、これを描いている画家の眼がある。つけ加えれば画讃を加えるもうひとりの識者がいる。何重にも視線が重なる。複数の眼線が重層している。「花竹幽窓」は苫船を思わせる船底天井である。竹田が画室としてここに在ったということは、彼がみずからを画中の点景人物の位置に置いたことでもある。そして切りとられた突き出し窓のむこうに縮景の坪庭（盆石）がみえることは、窓のフレームが描かれつつある光景をひとつの平面に切り取って写像することでもある。これが表具され軸になり隣室書院の床の間に掛けられるとすれば、制作されていた空間のなかに、もうひとつの虚像が出現することになる。

『屏風のなかの壺中天——中国重屏図《ダブルスクリーン》のたくらみ』（ウー・ホン、青土社、二〇〇四）は、広い室内空間を仕切るためにつくられた衝立という可動パーティションに描かれた絵が入れ子状のイメージをつくりだしていることを文化論的に分析したものである。この皇帝の居室に組みあげられた形式に対して、画室としての「花竹幽窓」は、辺境の下級武士が「文人」へと憧れながら、つくりだした極小の居住空間のなかに、さらに実験的な非形式とでもいうべき形式がつくりだされたと読むことができる。ウー・ホンは皇帝の居室の重屛の図柄の意図を壺中天と形容している。二畳船底天井の「花竹幽窓」のほうが、さらにめくるめくようなイメージの重なりあいのなかから世界を想っている。壺中天とはこれこそを形容すべきである。

＊

江戸システムが爛熟した文化・文政期のサロンで共有した趣味は、宣長のいうやまと心に対してから心、つまり〈わ〉様志向に対する〈から〉様思考ではあったが、起源探索をする点では共通している。はじまりのポイントを日本神話とするか中国古典とするかで、国学になるか漢学になるか、異なった思考体系ができあがっていても、歴史（時間）を逆行して現在に戻ることは疑っていない。歴史的時間の存在は信じられていた。

一〇〇年後、国家総動員がかかり、鬱屈した時代になると、文人サロンは消えていた。だが何かの起源を求めようとする意志はより強力になる。とはいえ起源はいかがわしいものだ。ひとりの俳人、ひとりの画家が仲間とともに竹田荘を訪れている。磯崎藻二と幸松春浦。

私にとって、実の父親と祖母側の大叔父、いとこ同士である。春浦はトキハ・デパートの売り立てなどで帰郷するとき、祖父がパトロンを自任していたので、私の自宅に滞留した。

二人が連れだって竹田荘を訪れたという確固たる証拠はない。だが三人を結びつけるものがある。『亦復一楽帖』（一八三〇）にみえる《牡丹図》である。この画帖は一〇枚組の「山水・人物図」だったのに、頼山陽が欲しがり、三図の花竹図が追加されたそのなかのひとつである。「花竹幽窓」がそのまま主題にされている。その《牡丹図》だけが惲南田の書法によって描かれ鮮やかな牡丹色に着色されている。この《牡丹図》が三者を結びつけていると私は考える。

幸松春浦は田能村竹田四代目の弟子佐久間竹浦に学んで、大阪の南画派に属した。革新の血気にはやったらしく横山大観の朦朧体を南画にとりいれ、帝展特選をとった。逸脱をとがめられ、破門された。藻二は帰国してアララギ派を学んだ。彼もまた革新を求めて口語俳句の一派福岡の『天の川』（吉岡禅寺洞主宰）に所属して新人デビューした。上海同文書院を卒業したが、大陸政策の先兵になることを拒否して、趣味に生きる道を選んだ。精神的には転向したのだと思われる。両者とも時代の潮流に乗れず、挫折した。中村真一郎がいう芸術的前衛にもなりきれず、それでも前衛が開拓した形式を模倣することだけが残されている。総動員のかかった総力戦時代では公に背をむけて内向きの趣味に徹することしかできない。俗脱の文人にならうには社会的な条件がそろわない。侠の度胸に欠けるとすれば遊ぶことしかない。私の知る画家は爪揚げに熱中した。俳人は花街に居つづけて、新たな牡丹の株がみつかったときだけ庭の手入れに帰宅した。

齒朶《しだ》垂るるみづ寂光をここに描《か》く
頼山陽も見き竹の翳《かげ》地にはしむ
茶の花はまれに蒼々と凝《こ》るおもひ
酒からくふくめば甦《かへ》る梅の光《かげ》
芭蕉枯れ桐かれ巨《おお》いなるいぶき　　藻二

清思―竹田荘趾、と題されている。生涯をかけてつくりつづけてきた自宅裏の牡丹園が屋敷とともに全焼してから、あらためて竹田荘を訪れたときの句である。すさんだ庭には牡丹は似合わない。臼杵。石仏のある満月寺へ移動する。

闇を生む金堂趾とあり牡丹の芽

私の自宅は戦後借家を転々とした。そのたびに焼け残ったひと株の牡丹だけは庭先に移植された。牡丹園の中央に置かれていた国東塔は菩提寺に寄贈されている。藻二の〈から〉心の痕跡は消滅した。遺句集は『牡丹』と名づけられた。

＊

文人サロンは侘び茶席のように型が決まっていない。酒杯が流れてくる曲水の宴のように、酔いながら奇談を語り合う席が求められるとすると、小間と鎖の間のように閉ざされず、大人数での宴会だったと思われる。竹田は上京して頼山陽に逢えば「山紫水明処」では堅苦しく、祇園に席をうつす。それを知っていたから、竹田荘に招いたとき、彼を引きとめるため、灘の酒をとり寄せてあり、酌をするのに「容正妍麗、真可憐」といわれたお萱さんと呼ばれた娘を呼んであった（『卜夜快語』）。山陽が竹田に送った礼状に「緞子蒲団にまかれ、嬌糸脆竹を聴く」とあるから、彼女は二階の対翠楼にはべったのであろう。二人の逸話は詩に唄われ、彼女は名をのこした。

「花竹幽窓」は二畳敷きの苫船を思わせる船底天井の小間である。蔵屋敷は敷き瓦の土間のついた八畳床の間つき書院に仕立てられていた。これをつなぐと、侘び茶席の小間、広間関係になるが、詩仙堂の道教的な気分も重なる。おそらく竹田は南画の模本などを通じて想像したに違いない。

＊

「若い頃から三都などで遊ぶごとに、多くの人々を好んで訪問し、そこで話題にのぼった奇談珍話を書きとめ行李のなかに抛りこんであったのを、文政一二年に大阪滞在中に出して読み返し、残しておいても無益なメモではあるが、捨てるのも惜しいと考えて、選んで編纂したが、出版社に渡しても百文にしかならず、一度飲めばなくなってしまうが、もう一度飲んだときにまた続篇をつくろう」と『屠赤瑣々録』（一八三〇）の自序に書いている。

年譜にみると、主著『山中人饒舌』の序を書きはじめて一七年後である。このとき竹田は董其昌（玄宰）の「不読万巻書、不行万里路、欲作画祖、其可得耶」（万巻の書をよむこともせず、大自然に接した旅もしなければ、画に一派を開くことなどできはしない）を挙げて、日本南画の中心人物、大雅と蕪村を真正面から論じている。両者を比較して、正と譎、つまり「正攻」と「奇策」の違いだが、それ故に、蕪村は大雅に及ばないと書く。南画の正統を求めて、俳画が評判になっていることを嫌っていたのであろう。あくまで〈から〉様を評価している。その余滴を奇談珍話としてとりまとめた『屠赤瑣々録』では両者は次のように記されている。中村真一郎の口語訳をつかう。

「蕪村のもとをある門人が夜訪ねると、室内で荒々しい物音がして叫び声も聞こえた。奥の間に、箒、ごみ籠などが散らかされ足の踏み場もない。蕪村先生は最近みた歌舞伎役者芝耕の芸が見事だったので、立ち廻りを繰り返し真似していたところだった」

「大雅翁がある席で指画を描いてみせた。東涯の弟介亭先生が、田舎で筆や硯のないところでは便利だといったのを耳にして、大雅はそれを恥じて、一切指画をやめた」

それぞれの画風からは想像もできないエピソードである。百節、推敲され凝縮された短文で中国から列島に流れる南画の核心を批評した『山中人饒舌』にたいして『屠赤瑣々録』はくだけた雑文である。こちらをこそ饒舌というべきで、両篇はそれぞれ正と譎。画論としての批評である。本人は正攻と奇策、両方を同時に詩文と書画両方で表現したいと考えていたのだろう。

*

南北二宗論をたてに董其昌は宋元画以来の絵画を選りわけた。官に仕えた画工たちの彩色画、民に下った文人たちの水墨画の系列である。この系列論は明快で、明朝が没落した後に列島に亡命した知識人や仏僧を通じて古代以来受容された中国文化が〈わ〉様化していた江戸期文化の独特な性格をかたちづくる。私は国学でさえ〈から〉様好みのなかで成立したと考える。文人サロンは漢詩の交換が主であった。ここに所属した竹田が董其昌を範にしたのは当然のことである。中華的なものに憧れている。だが九州の辺境である。長崎に流入する漢籍模本など、つまりいまふうにいえば情報メディアを介して、本源を求める。一八世紀西欧のギリシャ憧憬がロマンテックなナショナリズムを生んだように、江戸末期の〈から〉様が、山陽の『日本外史』のように明治維新につながる。その山陽を招いた年の五年後に、《山水図》（一八一三）が描かれる。そして『山中人饒舌』の序の執筆をはじめる。田能村竹田三七歳。仕官からはなれ文人となる。南画を選び、その南画を方向づけた玄宰先生、董其昌を自らのアーティストとしての指針に据えた。書画において独自の画風をつくりあげ文筆においても画期的な画論を残す。官僚から下野し、書画の鑑定を行い売買する。金貸しでやくざから命を狙われるという波乱万丈の生活をしながら、書、画では唖然とする程に逸脱する。《行草書巻》（一六〇三）、《婉孌草堂図》（一五九七）にいたっては、変幻自在、奇想奇観だが正統の骨格を保持している。アバンギャルドという他に説明できない。このような芸術史上の「切断」に対処せねばならない後継は、これを拒絶するか（石涛）、模倣するかしか道はない。

竹田は玄宰の画風が、異形をレトリカルな筆触を重ねてつくりだすことを見抜いていた。このような分析は玄宰の「万巻の書を読まずして一派はなし得ない」ことを実践していたためである。俳画で使われていたような、なめらかな筆触を点描に還元して、かたちを消し大地の気が立ちこめる雰囲気だけにしてしまった。

頼山陽は池大雅の描いた耶馬渓を訪ねた。列島には稀な奇観である。竹田はその旅立ちを見送ったが、久住町から引き返している。朝霧の立ちこめる竹田盆地に戻っている。「山中人」とこのときから自称したのではないか。点描風の筆触《タッチ》だけで山水画を描いた。山間の気の流れをこそ表現したかったと思われる。玄宰風の奇岩がのしかかるようにそびえたつ。だがそれは耶馬渓の奇岩とは違う。閉ざされた盆地のなかに居て何ものかに憧れている。

壺中天

三

閭丘胤《りょきゅういん》のように「豊干《ぶかん》は饒舌《おしゃべり》だ」といわれて逢ってくれないかもしれない。浙江省浦江《ほこう》の山中のかくれ里、登高村に登った足で天台山国清寺を訪れた。小柄で温和な顔つきの管主があらわれた。漢画に描かれる寒山・拾得の異相ではない。「文化大革命ではこの寺は壊され、仏像も器物もすべて略奪されました。いまみる仏像や荘厳品は周恩来の指示で北京の寺から運ばれたものです。僧侶は助かりました。貧農扱いでしたからね」。高僧の案内で境内をめぐり歩く。建物や仏像は古色がないので日本的にみると有難味に欠ける。だが傾斜地に重なり合い、立ち並ぶ棟々のうみだす間合いの空間は静謐で、〈とき〉の流れが止まっているかに感じる。ときたま動く人影は寒山か拾得がスッ!と横切ったのかも。

私の関心事はこの国清寺の門前に架かる石橋だった。温和な顔つきの高僧は石橋アーチのカーブがゆるやかでしょうと日本からの訪問者に日本的な説明をする。たしかにエレガントだが新しい。一〇メートルばかり離れた位置に崩壊した石橋の端部が残っている。重源の法螺話にでてくるのはあの石橋だったのではないか。九条兼実の日記、『玉葉』にでてくる。重源は自らの建設技術力を売り込んで中世東大寺大仏殿再建の大勧進の座を射止めた。

竹谷長二郎『田能村竹田画論「山中人饒舌」訳解』大越雅子改訂、笠間書院、2013年

『山中人饒舌』の田能村竹田は、同時代の南画家たちに対してのかなり辛辣な批評でもあるこの画論が出版されれば、京都の頼山陽サロンや大阪の木村蒹葭堂のサロンで話題になる、というよりも批判されることを予想して、自らの雅号である山中の人のおしゃべりだよ、と先回りして題名にしたと冒頭に記している。この「饒舌」が寒山・拾得の逸話から引用されたことはサロンに集う文人たちの常識だった。

浙江省、金華の近くの山中に南宋皇帝の末裔が住まった登高村という隠れ里がある。中国の文化大革命が収拾される一九七〇年代中期、その余波は日本にも及び、こちらは極端に過激化し浅間山荘にたてこもった赤軍派の銃撃戦などが起こっていた。チェ・ゲバラの影響もあり、東京の街頭を演劇的祝祭の場にした面々がさらなる行く先を捜す。海を渡って海外へむかうか、人里離れた山中にこもって根拠地をつくるか。六〇年代の地下演劇は遊撃戦へと拡散をはじめた。加賀藩が罪人《トガビト》を流したといわれる白川郷のさらにはずれ利賀《トガ》村を根拠地にしたのがSCOT。私はその立ち上がりから座付建築家役でつき合い、今日では世界演劇祭を催す程の盛況を呈している。登高村がかくれ里であると聞いて、利賀村のような演劇活動の基地になり得ないか、と考えた。この隠れ里は地中海のヒルタウンの中国版ともいうべき街並みである。利賀が合掌造りの民家を舞台にすることに始まったとするならば、この里には既に数か所の舞台がある。寺子屋風の学校もある。全村から住民が下山しはじめて、サン・ジミニャーノやスポレト程のサイズの村が廃村の危機にある。南宋皇帝の末裔が隠れ住んだというだけあって澄んだ湧き水がある。ゼロから手作りで全てを開始せねばならなかったSCOTに比較すれば、はるかに恵まれている。残るはかつての鈴木忠志一党のように演劇に命を懸ける風狂の精神の持ち主が見つかるか否かにかかわる。寒山や拾得の風狂である。閭丘胤は県知事、この地の官僚のトップであった。この逸話を文人が好んだ理由は明らかだろう。頼山陽は脱藩した。これにならい竹田は隠居した。気概があった。寒山・拾得のはるかな後継である小柄で温和な顔つきの国清寺管主もこんな気概を秘めている。「鑑真もここ天台から日本に渡ったのですよ。彼に供した工匠の唐招提寺がいいですね」

最澄は天台山国清寺で伝法を受け比叡山延暦寺を開いた。同時代の空海は長安青龍寺で密教の伝法を受け高野山を開き東寺を与えられた。京都の東北と南西の鬼門の位置に布陣する。それぞれの教学は、天台宗は理論（文字）、真言宗は図像（イメージ）で補完しあっている。双制である。空海は高野山金剛峯寺で密教としてオリジナルな体系を構築したのに対し、最澄の持ち帰った教説は大乗仏教『法華経』に基づく体系的な理論であったが、チベット由来の密教はタントラやマンダラのような図形化されたヴィジュアルが核になるし、教説を感知する呪法がドラマティックに展開する。ニューメディアのパフォーマンスであり流行した。最澄はこれも教則に取り入れるべく、空海から灌頂《かんじょう》を受けている。顕教の大系に密教が混入する。空海は山西省文殊菩薩の霊地五台山までは到達できなかった。後に延暦寺僧円仁が足跡をのこした（エドウィン・ライシャワー『円仁唐代中国への旅『入唐求法巡礼行記』の研究』田村完哲訳、講談社、二〇一五）。大同大劇院（二〇一〇—工事中）の設計打ち合わせに行ったとき、五台山に登った。梁思成が『中国建築史』に中国最古の木造寺院と記している佛光寺に行った。殆どキッチュにみえる程に完成した唐代寺院であった。その脇にひそかに建つ文殊堂（一一三七）の内部架構に私は度肝を抜かれた。北宋が女真族の金になった後に建造された目立たない建築の内部空間に宋様のスピリットがみなぎっている。董其昌の南北二宗論に継ぎたいので、天台山、五台山をひき合いにだした。最澄と空海が京都を中心にみると包囲は逆順だが、南北二宗で対比できる。

道教、仏教、儒教、その知識から生まれた遊芸の人である文人的思考法時代を通じて列島に伝えたのは、中国本土でその志が完結できない、追い詰められた漢人が東海の〈わ〉へ未知の新天地を求めて亡命したあげくのことで、文化移転が起きる。徐福、鑑真にはじまり、宋の滅亡とともに渡来する鎌倉五山開祖たち、明朝復興を鄭成功とともに運動した朱舜水、その後継として文人的技芸を備えた心越。すべて漢人である。漢民族が夷狄から亡ぼされる動乱が起こる度に文化移転が起きる。列島は受容して変形を加え〈わ〉文化をうみだす。私は和様化という問題構制（『建築における「日本的なもの」』）に整理したが、易姓革命なしに（古代日本神話を易姓革命にひきあてる説もある）万世一系を売り言葉にしてしまった近代日本イデオロギーが〈漢《から》〉様にあこがれる国学をつくりだした。モダニズムでさえ「日本的《ジャポニカ》」にみえる部分だけを「クール」に見立てる。江戸システム末、文化文政期には、近代的な兆候がみえはじめる。鎖国のまま木村蒹葭堂、田能村竹田いずれも情報を求めて長崎へ旅する。竹田は渡来した漢人から発音を習う。漢詩は韻をふむ。母音で区切る日本語は和歌だけが朗詠できる。頼山陽は漢詩の名手、詩吟の調子で『日本外史』を語ったからこそ、精神を奮い立たせる名調子の文章だったためベストセラーになったのだ。京都の頼山陽サロンの席で山中人を自称した竹田は引け目を感じていたに違いあるまい。李白、杜甫を正調で朗読して満座を唸らせたかったのではないか。「漢」ごころ、つまり〈から〉様が気兼ねなく喋れる只ひとつの座であった。『山中人饒舌』は画論であるが、漢文で記されている。同時代の画家を批評している。このゴシップを中国人に読ませようとしたのではあるまい。文人サロンのオフィシャルだった。

日本禅も勿論漢文で、開祖はいずれも中国禅の大師から伝授されている。宗派ごとに系統ができる。『山中人饒舌』も同じく列島南画を董其昌（玄宰）の南北二宗論に繋ぐ。多くの先達の名が挙げられるなかで、先日寒山・拾得のいた天台山国清寺へたまたま足をのばすきっかけになった旅路で私の立った場所（いずれ何らかのプロジェクトを構想することになる）にからむ画家名がみつかった。

○黄公望（一二六九―一三五四）字は子久。一峰道人または大痴道人と称す。江蘇省の人。山水に巧みで宋の大家、董源・巨然の法を継ぎ、自ら一家を成し、後世に最も影響を

与えた。（第一則）

○心越（一六三九―一六九六）明の曹洞宗の僧。来日して水戸光圀に招かれ水戸祇園寺の開基となる。禅余に、詩書画、篆刻をよくした。（第三則）

○董玄宰（一五五五―一六三六）名は其昌、玄宰は字。思白・香光と号し晩年は思翁といった。明の書家、画家。漢文にもすぐれる。画は南宋画の呉派を発展させ、清代南宋画の基礎を築いた明末の第一人者である。また『画禅室随筆』、『画眼』などの画論書があり、南宋画の絵画理論を説いた。（第四則）

竹田は同時代の画家を批評するのにあたり、彼らが駄目な理由は「市気」すなわち俗気があるからだといいきる。中国に範をとり南宋由来の南画の系譜を論じた董玄宰の論を範とする。その論法は、むかしアカデミーの研究論文はラテン語で書かれたといわれているのと似ていなくもない。日式の漢文だから中国人は読むまい。ひたすら京阪の文人サロンの評判をねらっている。

画家自身が画論を著す。矛盾していないか。詩を詠むのは詩人である。それを論ずるのは批評家である。アルベルティは文人として、ウィトルウィウスを祖述した。ラテン語で書かれた同名の『建築十書』であるが、ローマ期の原本を一五世紀の技術や社会情勢に翻案している。具体的に設計した建物は原理的に基本形に還元できるよう、骨組みがシステマタイズされている。ウィトコウワーはその基本原理を推量し後世に付加され変更された要素をとりはずしオリジナルへ復元した（ルドルフ・ウィトコウワー『ヒューマニズム建築の源流』中村義宗訳、彰国社、一九七一）。アルベルティにはゴシック的な、中世以来の基礎のうえの既存の建物を改築した仕事もある。ゴシック的な痕跡を残しながらルネサンス的（ローマ的）なデザインで覆う。これが未完のままになっているからややこしい。イメージされた原型は実現されている建物背後に透けて、浮かんでいる。見かけはさまざまな時代の痕跡の集積である。

言語に堪能であったアルベルティは、ウィトルウィウスのラテン語に土着の訛りがあるのに辟易したらしく「ウィトルウィウスはギリシャ人を騙っている」と皮肉る。自らのデザインしたリミニ聖堂（テンピオ・マラテスティアーノ）中央に置かれる廟の装飾は、私にはよりギリシャ的に思える。ローマ的なものしか身辺に残っていない時代に、その原型を捜すうちにギリシャ的なものの精神に到達している。アテネはオスマン帝国に占領されていた。ウィンケルマンによるギリシャ情報が到達しはじめるのは三世紀を過ぎてからだった。ともあれ後世からアルベルティはユニバーサル・マンと呼ばれはじめる。文人である。建築の設計《デザイン》をやったが、建築家としてではなく、むしろ文人（MAN of LETTER）の仕事である。ジョルジョ・ヴァザーリの『列伝』のうち『ルネサンス彫刻家建築家列伝』（森田義之監訳、白水社、二〇〇九）では二四名の中のひとり、短文である。「自らの芸術を著作によって説明できる人は誰一人としていなかったため、彼は実制作では自分より秀でた全ての人をその著作によって凌駕したと広く信じられている」。ヴァザーリは彼の設計と施工にあたった有能な建築家サルヴェストロ・ファンチェルリを特筆する。「アルベルティにとって、彼をよく理解し、彼に奉仕することを望み、また奉仕する能力をもった友人がいたことは、少なからず幸運であった。なぜなら、建築家がたえず建築の現場に立ち会うことは不可能であり、忠実で意の通じ合った施工者がいることはきわめて大きな力になるからである。このことを筆者は自らの長い経験から誰よりもよく知っている」(『ルネサンス彫刻家建築家列伝』)。ヴァザーリは建築の実務だけでなく絵画・彫刻を数多くこなした。アルベルティのような文人とはいえない。むしろ建築デザイナーとしてのキャリアからはじめた。そして筆も立つことから、今日では美術史的記述法の発明者、『列伝』によって「美術史」の設立者とさえ評されている。この『列伝』に文人アルベルティを登場させるにあたり、設計・施工に「レオン・バッティスタの意図に忠実に従い、優れた判断力と卓越した勤勉さをもつ」協力者のいたことを特記する。文人の独自の思考法とアイディアを具体的な姿にする。アパレハドール、整図工であり、現場監督であり、施工業者ともなれる協力者が存在した。建設現場でアイディアを常時練り直したブルネレスキとは異なるタイプの建築家であったことをヴァザーリは誰よりもよく知っていた。

一五世紀《クアトロチェント》フィレンツェの建築は、テクノロジスト、文人(MAN of LETTER)、アーティストとしてブルネレスキ、アルベルティ、ミケランジェロを名指しすればすべてを語り得る。彼らの仕事を通じて、ウィトルウィウスの『建築十書』は〈アーキテクチュア〉へと抽出された。職人仕事から文人仕事へと変貌した。アルベルティがその回転を仕掛けた。一六世紀《チンクエチェント》に仕事をはじめたヴァザーリは文化的回転が終わった後に仕事を開始する。もはや技術的新案も文人的な知もアーティスト＝詩人の振る舞いも、すべて成就している。そのうえで仕事をはじめるとは、そのすべてを理解したうえで、絶頂を超えるアイディアを〈アーキテクチュア〉として提示せねば、みずからの才能を売りにはできない。ブルネレスキ、アルベルティ、ミケランジェロのデザインを超えるには……それが一六世紀が世紀の変り目に新しい世代が抱え込んだ問題構制だった。

一八一二年、三七歳で隠居願いを突き出し、南画家として出発するとき、田能村竹田も同様のシチュエーションにあった。

世界の終わりを主題にした大げさな仕事を、ミケランジェロはシスティーナ礼拝堂で若書きの天井画に加えて、正面の大壁面の《最後の審判》（一五四一）でも完成させた。このとき「終末」という大文字のテーマも終了している。いっぽうジュリオ・ロマーノはパラッツォ・デル・テの「巨人の間」において壁面のイメージがはみだし、溶解し、観客の身体を取り巻き流れ出るだけでなく、内部にまで侵入し、リクイッド・プロジェクションの乱舞するディスコ空間に近い陶酔感に誘いこむ。一六世紀《チンクエチェント》のスピリットがテーマ空間として立ち現れている。つまり終末は消費されてしまった。その後に出発した次の世代の建築家たちは建築の実務のかたわら共通して建築にかかわる著作を発表する。アルベルティのような文人には及ばないが、みずから独自の論を発表する。文人を騙る。

ヴィニョーラ（一五〇七―七三）――――『建築の五つのオーダー』
パッラディオ（一五〇八―八〇）――――『建築四書』
ヴァザーリ（一五一一―七四）――――『画家・彫刻家・建築家列伝』

何故画家が画論を著すのか。この建築家たちはミケランジェロ、ラファエロ、ロマーノの活躍を見習いながら自己形成した。大文字のテーマ、大文字の〈アーキテクチュア〉は成就してしまった。その後に何ができる？　建築論を書くことが建築家自身のプロモーションになった。今では掛け声だ。

“Make America Great Again”（アメリカを再び偉大にする）というキャンペーン・スローガンが聞こえてくる。いいかえるとアメリカは落ち目になっている。「ガンバレ日本」も同じこと、日本はもっと早くにガタついている。両国は、かつて大文字の成功者の顔して肩で風をきっていた。オイタワシイ。

システィーナ礼拝堂やパラッツォ・デル・テの「巨人の間」で終末の光景が登場したのは

偉大《グレート》なローマ文化が略奪され、崩壊する「ローマ劫掠《サッコ・デ・ローマ》」（一五二七）を経験したためだった。先述の建築家たちは、そのときハイティーン。いずれこの地に乗り込んで一旗揚げるため、イタリアでは辺境の街ヴィニョーラ、パドヴァ、アレッポなどで徒弟修業をはじめていた。大パトロンにはまだ見出されていない。その時期に幻滅するような事件の報せを聞く。大ローマが崩壊した。人生の目標が消えた。早々と挫折した。ミケランジェロ、ジュリオ・ロマーノは美術史では天性の才能があったと記されている。みずから腕を振りさえすれば作品になった。法王や領主はその腕を見込んで注文した。前掲の後続世代の建築家たち、天性の才能を持っているなどとは記されていない。だが一六世紀の中期において、この三人の建築家が新しいタイプのパトロンたちの支持を得る。時代を読む視点にすぐれていた。

パッラディオについては書く機会があった（『瓦礫《デブリ》の未来』）。『磯崎新＋篠山紀信　建築行脚（8）マニエリスムの館』（六耀社、一九八〇）の企画で一六世紀から一作を選ぶとき、二つの候補を挙げた。ヴィニョーラ、ヴァザーリ、アンマナーティに、総括者にミケランジェロの登場するヴィラ・ジュリアは、一六世紀建築家のオンパレードだ。壁画や建築装飾は目立たない。後者はジュリオ・ロマーノ。むしろ画家である。当時は修復がすすみ「プシケの間」や「巨人の間」が修復されつつあった。篠山紀信にうってつけだ。正調よりも奇想にかけることにした。ゴンザガ家の居城マントヴァにある。片やヴィラ・ジュリアはローマ法王の別荘である。ジュリオ・ロマーノはラファエロの直系である。パラッツォ・デル・テはイ

アンドレ・シャステル『ローマ劫掠――一五二七年、聖都の悲劇』
越川倫明、岩井瑞枝、中西麻澄、
近藤真彫、小林亜起子訳、
筑摩書房、2006年

ザベラ・デステが後継の息子の乱行を収めるためにつくった別荘である。建築的には、ヴァザーリ（全体計画）、ヴィニョーラ（建築設計）、アンマナーティ（庭園グロット）と各自のその後の仕事のスタイルがバランスよく配されている。たいしてジュリオ・ロマーノは建築的《アーキトニック》な方式から逸脱している。一翼がすべてコレクションしていたサラブレットの馬小舎。その横の隠れ部屋（忍者屋敷のようなメザニン）に愛人、ラ・ボスケッタを住まわせる。プシケの間の壁から天井全面に小分割されて描かれたギリシャ神話はディオニュソスが主題でバッカスの祝祭の乱行がポルノまがいで描かれる。さらに前述した「巨人の間」のイリュージョン。一六世紀中期の日本は戦国時代で、建築的には書院造りの形式が完成していた。障壁画が内部の部屋を埋めた。たしかにヴィラ・ジュリアの建築空間は安定して心地よく整っている。だがこれを激写しても、障壁画を取り払った書院造の内部空間のように骨組みだけにみえるのではないか。『建築行脚8 マニエリスムの館』は一〇〇頁ほどの写真で構成される。直接的には逢遇してなかったが「ローマ劫掠《サッコ・デ・ローマ》」を予感し、その残影を感じる画家ジュリオ・ロマーノに焦点をあてることにした。

中国文化大革命（一九六七）を四四〇年巻き戻して、「ローマ劫掠《サッコ・デ・ローマ》」（一五二七）に引き当てる。文化的回転が発生した点が共通している。それぞれ政治・社会的には数年以内で復旧した。易姓革命でいう革命が失敗し、むしろ文化的には反動化する。一六世紀ヨーロッパでは法王親衛隊として世界布教活動を開始したイエズス会がイグナチウス・ロヨラにより組織される。新中国では一国二制度となり、官僚組織がテクノクラシー化し、一帯一路戦略が発動する。いずれも反革命であり、旧制度のまま、帝国主義的に拡張（拡散）する。文化革命と呼ばれるのは、その過程で文化が転倒したためである。ハイティーンでその光景を視《み》た世代は成就された方式を疑う。世情は反動化している。パトロン達の目は肥えている。建築書の類はすべて消費しつくされている。そんな裂け目が露呈した瞬間に執り得る方法は只一つ。絵画についての絵画、建築についての建築、演劇についての演劇、同義語反復ともみえる模像《ミメーシス》を生産する。二〇世紀になってこの方法はマニエリスムと定義される。ハイティーンたちの少し上の世代はクライシスの発生を予感する仕事をはじめていた。それを理論化する。ヴィニョーラは立面のデザインを、パッラディオは平面構成を、ヴァザーリはアーティスト列伝を、全体ではなく部分を、均衡ではなく逸脱を、透明性でなく混濁を、選ぶ。列挙する。偏向する。モミ手して芸をする。悲劇《ドラマ》はない。笑劇《ファルス》だけがある。

文化・文政期の文化状況も似ていた。『山中人饒舌』は笑劇《ファルス》である。董玄宰を基準において、この時代にはやった評判記の類を蹴散らかしながら、文人サロンが悪口をいうのを予想して、寒山が閭丘胤のまえから姿を消したように、みずからも姿を消すよと、冒頭から逃げを打っている。日本南画に一派をなそうと意気込んでいる。董玄宰の画風を学んで、朝靄の立つ九州の山中に想像的な桃源郷を描きだそうとするのは悲劇《ドラマ》的劇性をねらったに相違ないから、画家本人は南画正統に属していると信じていたとしても、さらには画論として競争相手の全員を切り捨てるべくレトリックを駆使したとしても、時代はいかにも悲劇《ドラマ》（革命）にはむいてない。寄り集まってワイワイ騒ぐ文人サロンで受けるのは、小サビの効いたお笑いである。太宰治や坂口安吾が投げやり口調で語る笑劇《ファルス》である。「ローマ劫掠《サッコ・デ・ローマ》」や「天安門事件」の惨劇を笑う。はじまりに挫折を味わった世代に共通するのは、核心的な中心が消えた挙句に、それでも核心は存在するかの如くに騙りつづけることである。本尊のいない五百羅漢の表情を工夫する。呵呵大笑する。列伝の手法が今日まで継続している理由でもある。

　登高村に世界の五百羅漢を集合させる方式はないか。スポレト・アヴィニョンのような芸術祭か。風狂がざわめく仙峡か。隠れ里だった。今日でも訪れるのは容易ではない。仙界に見立てる途中に道観がある。仙界の入り口だと考えたに違いあるまい。とすればあの隠れ里は天空城。ラピュタだ。

四

「反」を目指してもっぱら奇想、異形を語る。ときにこれが奏功すると時代が回転する。あげくに時代の趣向に切断が発生する。それを間近に見て育った次の世代にとっては、こんな譎《けつ》はたんに奇を衒《てら》い、耳目を驚かす奇策にすぎない、ちょっと鼻風邪ひいたんじゃなかったのかと「正」だった過去を回顧《ノスタルジー》する風潮、すなわち反動がはじまる。「ローマの劫掠《サッコ・デ・ローマ》」が、奇想・異形をねらったクレメンス七世様式（アンドレ・シャステル）までをも含めて、世界の「終末」を想わせるような文化的な切断であったとすれば、一六世紀《チンクエチェント》がはじまる一五〇〇年代生まれのデザイナーたちを襲ったこの一五二七年の切断は、前世紀の「世界文化大革命」「一九六八年の文化的切断」に比肩する程の深刻な傷痕を与えたと想われる。先月号にとりあげた三人の建築家、ヴィニョーラ、パッラディオ、ヴァザーリたちは共通して建築論としての著作を残した。勿論実作はあるが、むしろ著作の方が後の四世紀を通じてより影響力があった。柱頭飾りのオーダー、ヴィッラのプロトタイプ、列伝という美術史記述形式の範例などは、これらを歴史主義として丸ごと否定したはずのモダニズムのなかにも、具体的な規範としてひそんで残留しており、〈アーキテクチュア〉について二〇世紀において論究しようとするとすれば、立脚点や記述法にいたるまで、はるか一六世紀第三四半期に出版されたこれら三建築家の著作からのがれることができない。彼らの著作は四〇〇年の風雪に耐えたといえば聞こえがいいが、実作のほうは増築、改修、変更、取り壊しにあい、現況を設計当初の図面とひき比べてみると、見る影もない。建造物は消耗品だよ、完成してクライアント（発注者、パトロン）に手渡したら、そこでおしまい、ハイサヨウナラ。他人の所有、つまり他者としての社会に知的所有権までふくめて譲渡されたと見ざるを得ない。

フレドリック・ジェイムソンは、商業化《コマーシャリゼーション》、消費化《コンサンプション》、商品化《コモディフィケーション》、つまり3Cのあげくの「テーマ・パーク化《ディズニフィケーション》」と今日の都市的建築デザインのアポリアを裁断したが（フレドリック・ジェイムソン「茶匠たちが作り上げたもの——磯崎新『建築における「日本的なもの」』を巡って」二〇一〇）、これは、私が計画《プランニング》という目標＝テロスを見失った今日の世界において、都市開発デザインはテーマ・パーク的手法でしか決定しえない（Arata Isozaki, Theme Park, in Fredric Jameson ed. *South Atlantic Quarterly*, vol. 92, no. 1, 1993）と記しながら非論理的なソフィスティケーションである遠州「好み」を批評する『建築における「日本的なもの」』（二〇〇三）を出版したときの書評のなかで使われた。私の論理的矛盾を突いたかのようにみえるが私はむしろ好意的に受け取った。究極のポピュリズム・デザインであるテーマ・パークしか、モダニズムの時代は目的＝テロスとしてのユートピアを代替できる手法はない。それが丸ごと消え去ったときに、子ども騙しだとバカにされていたテーマ・パーク手法が採算上唯一つの実現可能性として官僚が支配権を握っていた計画にとって替わりはじめた。

　社会主義体制が崩壊した一九九〇年頃にはじまったグローバリゼーションの過程では、金融資本主義的投機が支配権を確立した消費社会における商品交換の特性を3Cによるディズニフィケーションに導くことをジェイムソンはネオ・マルキストとして指摘したのだった。私の応答は『荘子』をカオス理論に継いで終末さえ消費されてしまったプロジェクトを偶有的に操縦する手法を提示すること（磯崎新「〈やつし〉と〈もどき〉——フレドリック・ジェイムソンの『建築における「日本的なもの」』書評に応える」二〇一〇）であったが、逆立ちをしたままで「只一人答ウルモノ無シ」の有様。九・一一の際には建築構造体《スカイスクレーパー》のリダンダンシーへとトピックが流れたように、事態は三・一一をむかえ、列島では土木構造体《インフラストラクチュア》の強靭性へと、テクノロジー用語が政治的にメディアに流され、了解不能なままに煙幕が張られる。ジェイムソンは3Cディズニフィケーション現象を突き破る手段として国民皆兵による二重権力構造を成立させる提案（『アメリカのユートピア——二重権力と国民皆兵制』二〇一八）をするが、リーマン・ショックによりウヤムヤになる。国民皆兵は北朝鮮の「先軍思想」によって権力構造が一元化されていることが判明する。レーニンの『国家論』以来の二重権力構造についても語る人が消えた。

　私が言いたいのは、世界文化大革命による切断のあげくに発生したPOMOと呼ばれる文化的反動が二〇年後のベルリンの壁崩壊によって正統のモダニズムに戻ったのではなく、グローバリゼーションによって全球的に拡散をつづけ、たび重なる想定不能の自然災害で増幅されながら反動の度合いが深化しつづけ、いっこうに新たな切断が起きる気配はないままで更に二〇年経過したことの歴史的先例が既に一六世紀にあったことである。

「ローマの劫掠《サッコ・デ・ローマ》」の年にハイティーンであった建築家たち、ヴィニョーラ、パッラディオ、ヴァザーリはいずれも一五五〇年頃から頭角をあらわす。格下の荘園主の仕事をやっていたパッラディオをのぞく二者はローマ法王クラスのパトロンの注文を受ける。注目すべきは、法王親衛隊として設立されたイグナチオ・ロペス・デ・ロヨラによるイエズス会の本拠であるイル・ジェスを一五七三年にヴィニョーラが設計《デザイン》することだ。実現したのは後続のジャコモ・デッラ・ポルタであるが、今日の視点からみれば変わりばえしないごく普通の教会堂にみえる。似た教会堂は世界中何処でもみかける。この初発のヴィニョーラ案がひとつのプロトタイプとして全世界布教にのりだしたイエズス会のシンボルになる。アジアへむかったのはフランチェスコ・ザビエルの時代はポルトガル、アメリカ大陸にむかったのはスペイン、それぞれの大航海時代の植民地政策と結託する。布教するためのシンボルとしての教会堂ではあるが、一五世紀《クワトロチェント》の芸術建築家のような一品作では間に合わない。同一の模像がばらまかれる。ローマ帝国が拡張した時代、地中海沿岸各地に大規模な植民都市が開発されたときも既に都市の基本型が確立しており（ウィトルウィウスの『建築十書』はこのときの教本だった）、リビア、シリア、イオニア各地にリゾート都市ポンペイと類似の型の都市が出現したのと似て、一六世紀末からは『バテレンの世紀』（渡辺京二、二〇一七）においては、ポスト・「サッコ・デ・ローマ」世代の建築家たちが動員される。奇を競ったマニエリスムでは使いものにならない。単純で反復コピーしやすいロゴとしてのアイコンがひとつだけあればそれで充分。と記してみると、この一六世紀末の大航海情況は、二〇世紀末の全球ネットワークの完了したグローバリゼーションと呼ばれた情況と似ている。カオスのざわめきが沈静化しフラットになる。アートが産出するイメージもフラットになった。教会堂のファサードの彫りが浅くなった。「イル・ジェズ」のヴィニョーラ設計によるファサードがフラットになる兆候をみせていた。それをデッラ・ポルタは更に単純化し、よりフラットにみえるよう意図的に整理している。ヴァザーリがディゼーニョ（デザイン）の制度化に並並ならぬ関心をもち、このコトバを冠したアカデミアの設立に努力したとき彫刻的な陰影が消えた。紙に描かれ、紙にプリントするグラフィックを指示する意味合いへと傾斜する。

今日のメディア論の主流はマクルーハンの『グーテンベルクの銀河系』（一九六二）のつくりあげた筋書きに基づいている。印刷される文字＝メッセージが大量に頒布され、意味も無意味も混淆して、刺激だけが快感を持続させる情報社会において『メディアはマッサージである』（マーシャル・マクルーハン、クエンティン・フォーレ、二〇一五）になる。私はフィレン

イル・ジェズ教会堂（ローマ）
ジャコモ・バロッツィ・ダ・ヴィニョーラ設計
ジャコモ・デッラ・ポルタ設計
着工1568年
（https://commons.wikimedia.org/wiki/File:Chiesa_gesu_facade.jpg）

ツェの文人間で語られはじめ、ここにはブルネレスキに発する透視図法の展開と、これの光学的な方法化を目論んだアルベルティに発して手のうごきを空間化する「ディゼーニョ」を浮上させている。同じくフィレンツエに居を構えたガリレオ・ガリレイは望遠鏡により天体観測した大量のスケッチを残した。光学がうみだすイメージがアーティスティックに記録（科学はまだ生まれていなかった）された。スケッチする手のうごきが生みだしたイメージをホッブズはマキャベリ的な政治的装置として、リバイアサンを構想する。それをライプニッツが論理化する。このバロック期のバトンタッチ連携のバトンが光学理論である（ホルスト・ブレーデカンプ『モナドの窓』二〇〇四）。私はこの光学的透視図法を、カナレットをはじめピンホールカメラを多用した画家たちの仕事に関心を示すデイヴィッド・ホックニーと、美術史家マーティン・ゲイフォードとの共著『絵画の歴史』（二〇一七）につなぎたい。像《イメージ》とは網膜面上の光学的錯視であり、私たちが実像と考えているのは虚像であることをピクチュアが洞窟の壁絵から iPad にいたるまで実例で語っている。

多かれ少なかれ、ピクチュアは騙《だま》し絵なのだ。映像がイメージをつくる。言語が音声による伝達手段から生みだされたように、イメージは映像の伝達手段として開発されている。操作可能である。いくらでも模像はつくれる。だからトゥルースがなくフェイクだけがあると議論される。伝達過程でエラーやノイズが混入する。こいつを軽くひねればフェイク情報になる。米国大統領が中国やイランにむけて発信するメッセージはすべてこの手のチューニングがはいっている。騒ぐとだまされる。聞き流せは瞬時に消滅する。

ヴィニョーラ・ヴァザーリによって平面化《フラット》するファサードがカメラ・オブスキュラへと流れて写真という錯視のトリックへ流れるかたわら、晩年になってやっとパッラディオは教会堂をヴェニスに設計する機会を得た。パンデミック黒死病《ペスト》が蔓延し、全島民避難といわれた程の災害に献身し自らも倒れた聖人を顕彰する、といえば聞こえがいいが、スラム化していたデュデッカ島での安普請であった。名だたるアーティストに依頼する装飾壁画もない。骨組みだけの裸の建造物であったことが、今日パラッディオの最大傑作と評価される要因となる。全体像は、表情の異なる立体が数珠つなぎにされ内側からふくらんでいる。マッスだけの存在にみえる。それに教会堂のクリシェではペディメントとポルティコが残像のように貼りついている。ウィトルウィウスが範例に示すようなローマ神殿の構成要素が使用されているのだが、構成原理としてのシュンメトリア、それにオーダーが崩れている。いや崩れているようにはみえず、正当的な構成からすれば間違って取りつけられている。盛期ルネサンス、初期マニエリスムの一世紀を経て、すべての試行が実現されたあげくの鑑識眼によって評価されれば、このデザインは失格とされるだろう。だから騙される。それが心地いい。

レデントーレ教会堂（ヴェネチア）
アンドレア・パッラディオ設計
着工1577年
（https://commons.wikimedia.org/wiki/File: Chiesa_del_Santissimo_Redentore,_Venice,_Italy.jpg）

パッラディオはあやうい芸をした。構成要素をバラバラにスケッチしている。おそらく石を切りだす注文のサイズを考えていたのだろう。何種類かの異なったシルエットがズレたまま重ね合わせられている。ジュリオ・ロマーノだったらその落差をドラマティックにみせただろうが、ここではさりげなく「方式に違反すること」がデザインになっている。わが国ならば〈くずし〉と呼ぶ手法である。遠州が〈すじかけ〉を好んだのと同じ気分である。

『瓦礫《デブリ》の未来』(二〇一九)を一冊にまとめるとき、序として縁起という小文をつけた際にパッラディオについて記した。〈くずし〉まで手が回らなかった。もう少し回り道をせねばならない。イエズス会が極東日本に到達したあげくキリシタン禁制となり、利休七哲のうち織部は切腹、高山右近は南蛮追放渡海の頃、ヴィッエンザのパッラディオ最後の設計である「テアトロ・オリンピコ」(一五八〇―八五)の落成記念祭にローマ法王からイエズス会の国際的布教活動の成果品として送られ、主賓の席に座らされた天正遣欧少年使節「クアトロ・ラガッツィ」(一五八二―九二)が帰国してみると事態は一変。茶人好みも「反」(織部)から「斜」(遠州)へと移っていた。パッラディオのオリジナルスケッチにみえるテアトロ・オリンピコの王の扉の奥へ延びる錯視空間は、クアトロ・ラガッツィ達には間に合っていない。ヴェネチアまで足をのばしたかどうか、記録にはないが東西ともに「好み」が変転していた。

東皐心越について田能村竹田は日本の地においての南画興隆(三則)において僧は心越、百拙とだけ記載してその画風にはふれていない。徐興慶は「心越禅師と徳川光圀の思想変遷試論」（『日本漢文学研究』3、二〇〇八）で、絵画で心越の影響を受けたなかに、立原翠軒、田能村竹田の名を挙げている。『饒舌』（三則）に記述があるためだろう。心越の資料館の紹介ではむしろ『東皐琴譜』の著作で有名とされている。中国古琴を紹介し、多数の弟子を育てたことが特記されている。この紹介文は末尾に心越は日本で客死したが、水戸の祇園寺の開基であると同時に没年には少林山達磨《だるま》寺を開堂した、とある。

琴、棋、書、画をたしなむのが文人の資格と語られるなかで、心越和尚が琴学の専門家であり、古琴譜を伝えていたとすれば文人が注目したはずである。勿論書画篆刻でも名をひびかせている。多芸の人であった。生涯の最後の年に少林寺達磨寺を開堂するとある。高崎の達磨寺にある洗心亭は井上房一郎の斡旋でブルーノ・タウトが借り住まいした（ブルーノ・タウト『日本〈1934年〉』一九七五）。金華で私の上海事務所がプロジェクトをやっている縁で訪れた浦江老街から登高村に登る途中の仙華山に道観があり、この脇に小さな心越和尚の記念碑と資料室がある。奇妙な縁ができあがった。浦江生まれの心越をまねいた水戸の徳川光圀。私が関東地方で設計した群馬県立近代美術館と水戸芸術館、高崎の少林寺達磨堂、私は心越和尚の移動した跡を逆行して、仙華山にたどりついたのだった。心越は琴僧と称されることもある。ミュージシャンでもあったわけだ。

東皐心越は明朝復興運動に参画した経歴が強調される。朱舜水後任として水戸光圀が帰依し、水戸徳川家の菩提寺祇園寺の開基となる。清朝からの亡命者として長崎に渡り水戸に移住した。ブルーノ・タウトも同じくナチス・ドイツからの亡命者である。表現主義的なユートピア『アルプス建築』(一九一八)で注目を浴び、ワイマール時代に社会主義的都市政策に基づく公共集合住宅を実現し、モスクワの都市建設コンサルタントとしてソ連に滞在し、ベルリンに一時帰国した夜、建築家協会のパーティーに出席したところ、友人から、政権を奪取したナチス党の秘密書類《ブラックリスト》に名前がのっていると耳打ちされ、秘書のエリカ女史とともにその場から行先も決めずにスイス行き夜行列車に飛び乗る。極東日本の左翼建築家グループ「インターナショナル建築会」から講演依頼状が届いていたのを思い出しシベリア鉄道で敦賀へむかう。いっぽう亡命者である心越は曹洞宗寿昌派の新しい禅を日本で広めそれが達磨宗になった。既に日本化していた道元の曹洞禅や少し早く日本に到着した隠元の黄檗宗とも対立した。ブルーノ・タウトも似ている。バウハウス系が既に到着していた日本のモダニズムグループと対立している。黄檗とバウハウスが既に定着した情況で、それぞれ先行者と対立する独自の思想を主張せねばならない。亡命者である。帰国は不可能。心越は文人の心得である琴学とその古符の伝授、ブルーノ・タウトはアクロバティックな日本文化論「ほんもの」/「いかもの」の、天皇/将軍二分論を打ち出す。両者とも既に権力体制下において浸透しはじめていた先行する宗派に対しても、独自の視点を提出せねばならなかった。心越は文人として諸芸を、タウトも建築の設計は熱海の旧日向別邸以外は実現しない。むしろ日本文化論を語る文人として振るまった。

バウハウスで教鞭を執った多くのユダヤ系アーティストと異なり、ブルーノ・タウトはワイマール憲法下で公共的都市政策を官僚の立場から実施して成功した社会民主主義者であった。その経験を買われてソヴィエト・ロシアに招かれたに過ぎない。バウハウスが左傾してグロピウスが統治不能となり次期学長職を依頼したハンネス・マイヤーは、徹底した過激《ラディカル》主義者で都市デザイナー・ヒルベルザイマーの思想を建築的に徹底したためにナチスからは攻撃目標にされていた。デッサウのバウハウスは閉鎖され、ハンネス・マイヤーはモスクワに移るが、ここでもロシア構成主義者たちが形式主義者としておさえ込まれ、スターリンの指導により反動的な社会主義リアリズムが公認されつつあった。つまり第一次大戦の終了と同時に、政治経済文化の全領域でユートピアを目ざす広義の文化革命が進展していたのに、一九二九年世界大恐慌とともに、右翼左翼中道を問わず、一挙に反動化する。知的流民が大量発生する。社会民主主義者ブルーノ・タウトも、過激共産主義者も、白系ロシア人もソグド神秘主義者も、ベケットもエズラ・パウンドもクロード・レヴィ゠ストロースも、ヴァルター・ベンヤミンも、難民になり亡命先を探さねばならなくなる。バウハウスを追われたハンネス・マイヤーは、モスクワ経由でメキシコに到着。トロツキーもトルコ・パリ経由でメキシコへ。この地は希望の土地゠ユートピアだと考えられていた。ユートピアはNOWHERE（どこでもない）の意である。惨劇も迫る。トロツキーはこの地で暗殺される。この暗殺団の一味であった画家シケイロスの美術館のむかい側に岡本太郎は大壁画《明日の神話》を描く。ビキニ環礁の水爆実験をやる人類のおろかさを嘆いて、みずからを供儀した。

絵画を観る眼は難民の眼である。美術批評家はみずからの眼を難民の眼に重ねあわさぬ限り、何も見ていない。その眼線を誰がたどっているのか。いまだに大量に発生しつづける難民の眼である。その眼線の乗っ取りを画策した首領がいた。ひとまとめに「一点透視図法」にし、カメラ・オブスキュラで映像を定着する。その像が虚像であるのに実像だといいくるめた。そのトリックを光学原理だ、それが自然だ、現実だと思い込ませた。にもかかわらず難民は大量発生しつづける。全員が違った眼で見ているのに、ひとつだけの実像がみえると思い込ませる。逆らうと暗殺される。強制送還される。ツナミに巻かれる。無差別爆撃で粉微塵になる。眼線も宙を舞う。一点透視図法がデジタルカメラに装幀されたときに、視線が固定してしまった。その視線を略奪したのは誰か。メディアは媒体に過ぎない。知的難民が大量発生した。月面観測をスケッチしつづけたガリレオ・ガリレイも宗教裁判で口封じされフィレンツェの屋根裏部屋に閉じ込められた知的難民だった。ライプニッツもデカルトも同じ原理のレンズをのぞいていた。彼らが犯した歴史的誤謬はレンズが網膜に送り込んだ像がリアルと信じたことだった。その原理に基づいて描かれた絵画《ピクチュア》を真実《リアル》だと思いこんでしまった。

東皐心越もブルーノ・タウトも難民だった。本国では彼らが抱いていた思想が弾圧され、居場所がなくなり難民として極東日本国に漂着した。心越は『大日本史』を編纂していた水戸光圀が帰依して水戸住いを定めた。二世紀余後にブルーノ・タウトは高崎小林寺洗心庵に借り住いした。茶室だとはいえアバラ屋で持病のリュウマチが発生、治療法もみつからずイスタンブールに逃げる。トルコ近代化の始祖のアタテュルクの国葬の大祭典のデザインが最後の仕事になった。ナチス党のハーケンクロイツの旗波で埋めたニュルンベルグでの祭典におとらぬスケールの仕掛けづくりで昼夜兼行でかけめぐったあげくに倒れ、自らも息をひきとった。心越和尚は、「一七年間の日本国への流亡ののち客死」と年譜にある。日本国は亡命者も難民も基本的に受け容れない。キリシタン追放以来の鎖国政策が、今日までつづいているのだと思われる。心越、タウトのような知的流民が、この地で生きのびるためには、それぞれの時代においてその地の情勢に合わせる言説をつくりだすしか方法がなかっただろう。心越は天皇―将軍関係において天皇が徳川幕府に対する征夷大将軍の任命権を保持したことを把握している『大日本史』に、明朝復興運動に参列したことなどの経験から正当化できる説を述べたと思われる。いっぽうタウトは天皇的＝「ほんもの」と将軍的＝「いかもの」の二分法を編みだし、「日本的なるもの」が問題構制とされる契機をつくった。心越は琴をかなでながら、タウトはタタミを敷き座式の火鉢しかない冬場の寒気に悩まされながら、異邦において異制である天皇制を正当化する論考を記している。両者とも、今日では日本文化への好意的な温い贈りものとして、文人文化や建築文化を送りとどけてくれた恩人と評価されるが、亡命者の日常は、こんな気安くいってもらいたくない程きびしいものだった。

流亡先では被護者が要る。心越の渡航船は台風で薩摩に漂着、長崎へ送られる。徳川光圀により水戸招聘が決まるが正式な滞在許可証を貰いに長崎までもう一度戻っている。ブルーノ・タウトがシベリア鉄道経由で敦賀に到達したとき、出迎えた「インターナショナル建築会」上野伊三郎はウィーン留学から帰国したばかりの学生で、モダン建築に理解があると噂されていた大丸百貨店社長下村正太郎が京都に別邸を持っていることを聞き、ここに短期間の滞在の世話を頼みこむ。近代建築家としてのタウトは左翼的国際派として知られていたわけだから、その身柄を気安く引き取る財界人は見当たらない。近代建築運動としての日本分離派旗揚げ(一九二〇)以来、十数年経つとトップモードだった表現派・構成主義まで、アールデコ(一九二五)にくくられ、対抗的に後期バウハウスの白いモダニズムが国際建築派《インターナショナル・スタイル》として全世界を席巻する。シュトゥットガルトの「ヴァイセンホフ・ジードルング」展(一九二七)は白いモダニズムの勝利宣言のような(実物を介しての)展覧会であったが、ブルーノ・タウトはこの選から外されている。田園都市ファルケンベルクの住宅群などの色彩都市、ベルリンの近代集合住宅群デザインで注目されたキャリアも既に過去の人とみられていた。とはいえ極東の日本では、上野公園の東京国立博物館コンペ（一九三一）では白いモダニズムは排除され、東洋的歴史主義としての帝冠様式が採用される。逆流がはじまっていた。日本分離派のリーダー格だった堀口捨己は東京国立博物館コンペの規約に「東洋的または日本的」と記されたことに気付き、その逆手をとってアイロニカルに「日本的なもの」を問題構制する。まず「現代建築に表れたる日本趣味について」（『思想』一九三二年一月号）を発表、『建築様式論叢』（板垣鷹穂、堀口捨己編、六分館、一九三二）に再録される。上野伊三郎からの電話に「宮内庁とかけ合って一般公開されていない桂離宮を拝観させたらどうか、時間をかせいでいたら落ちつく先も見つかるだろう」と伝える。帝国ホテル設計者として招かれたF・L・ライトとはワケがちがう。落ちつく場所がなくしばらくの間、タウトはたらい回しされていた。

曹洞宗寿昌派を広める目的で渡日した心越和尚も、先行する曹洞禅の宗派道元の永平寺、隠元の黄檗山萬福寺などからは排除される。禅修行の儀式がまったく異なっていたからである。明朝の滅亡のあと来日した黄檗にわらじをぬいではみたが、長居できない。やはり流亡の旅がつづく。タウトの世話に困りはてた久米権九郎はフランス遊学から帰国して、デザイン工芸運動をやろうとしていた凡凡、井上房一郎をみつけて、押しつける。井上の親父が高崎市に巨大観音像を建設して齏蹙を買っていた。その麓の少林山達磨寺の脇に「洗心亭」の扁額のあがった八帖・四帖半踏み込み土間のある茶室があった。みすぼらしい田舎大工の仕事である。食事は大勢いた小僧と同席。もらい風呂。汲み取り便所。イスタンブールに移ってすぐに、タウトはボスポラス海峡を見おろす高台の住宅地に八角形の居間で三段のトップライトがある自邸を設計した。伝手がなくて室内は見られなかったが、私はこの最後の住宅を遠望して、洗心亭を訪ねた井上房一郎にこぼしたグチが分かる気がした。後に警視総監となり、代議士となる唐沢俊樹（内務省警保局長、法制局長官、内務次官を歴任）の妹と結婚していた井上房一郎は、この洗心亭住人が特高警察の監視下にあり、遠巻きに鋭い眼つきが見え隠れすることを伝える訳にもいかず、「窮鳥ふところに入る」の喩を思いつき、義兄が墨絵に関心があるので一緒に自宅まで行こうと誘いに行ったのに、逆に瑣末なことで怒鳴られ、日記に悪しざまに記されたりしている。後に房一郎の房を分解して名付けた戸方庵コレクションと同名の茶室を、私は群馬県立近代美術館の一翼として設計することになった。音楽堂（レーモンド）、美術館（イソザキ）、哲学堂（タウトの世話をした井上自邸）をみずからの建設会社の施行によって高崎に残すことを念願した人だった。

到着の翌日に訪れた桂離宮を離日の決まった最後の京都旅行でタウトは再訪した。このとき、滞在中におぼえた筆で墨に朱を加えた画帳が残されている。

問題構制としての「日本的なもの」は、堀口捨己がたてたモダニズム救出の戦略であった。『思想』（一九三二年一月号）で「日本的なもの」の特集号が編まれたとき、堀口は巻頭に論を書いた。それを拡張して日本のモダニズム論を記念するような分厚いアンソロジー『建築様式論叢』（一九三二）が出版される。このときに書き下した論文「茶室の思想的背景と其構成」は近代的構成美＝茶席＝空間＝日本的特性を等符号で直結することによって、モダニズムが国際主義と同義となり敵視されはじめた情勢を逆手にとって、数寄屋のような日本的構成こそがモダニズムであるとしていた。「桂離宮を案内したらどうか」というサゼッションが、ブルーノ・タウトの滞日を保証したといえなくもない。タウトは悪ノリして、天皇的（ほんもの）、将軍的（いかもの）二分論を展開する。イコノクラスム／イコノフィリス二分論に依拠して天皇制／封建制をアジア侵略の理論的根拠に仕立てはじめていたメディアがとびついた。異邦における異制としての国体論である天皇制賛美は日本人にとっては転向問題であったが、特高監視下における流亡の身にとっては身柄の保証だ。言説の生産しかできない文人にとっては勢に合わせる他に生きる道はない。心越は水戸で古琴を教えた。タウトは高崎で『日本美再発見』（一九三九）を書いた。

一九四〇年に予定されていたオリンピックと万国博の施設デザインをモダニズムで押し切ろうと謀って、日本工作文化連盟を設立し機関誌『現代建築』（一九三九）を創刊した堀口捨己（理事長）岸田日出刀（事務局長）たちは紀元二千六百年記念のオリンピックと万博の同時開催をはかった日本政府のキャンペーンや施設計画をモダニズム・デザインでひとまとめにすべく、まずは施設計画のマスター・プランを押える戦略を練っていた。だが戦雲急をつげ、政府は両国際機関に決定を返上する。日本的モダニズム（戦後はジャポニカとよばれた）は腰折れになる。唯物論的国際主義が即物主義的日本主義へと反転する。

一九四五年九月二日に、日本は降伏文書に署名、占領下になった。海外に送り出されていた移民、開拓民、軍人の全員が一挙に難民になった。都市はほとんど焼土になっていた。数年間は焼け跡の街路を走る車列は、巡幸をつづけてアッ・ソウとだけ応える昭和天皇一行の他は、進駐軍用車ばかりの状態がつづいた。占領軍の戦果品は何だったのか。満州（東北）からの引き揚げ者は隠しもった貴重品を奪われた。本土に残留した住民はすべてを供出しており、奪われる換金物品さえない。無数のハーフ水子が埋葬された。「一億総懺悔」と時の総理大臣が語る。昭和天皇の全国巡幸は戦犯指名をのがれる唯一の手段であった。原宿駅の明治神宮側に、お召列車専用のプラットフォームが新設されていた。陰陽師の占で良好な時間だけ開門された。

大恐慌が全世界に伝搬するのと併行して、モダニズム・デザインも三〇年代をつうじて全世界に散種された。地域や場所によって、異った根付きかたをした。アメリカのモダニズム受容はテクノロジーのデザインとして、日本はそのモダニズムを日本的構成の美的デザインとして受容していた。その両者が焼土と化した列島で、勝利した占領者と敗北した被占領者として出逢う。アメリカは占領の戦果品として、ジャポニカ・デザインを持ちかえった。昭和天皇の巡幸はその仲介役を演じていたのだった。岸田日出刀（『過去の構成』一九二九）、堀口捨己（「建築における日本的なもの」一九三四）、ブルーノ・タウト（『日本美の再発見』）が三〇年代をつうじてその理論的下地をつくりあげていた。日本人収容所で戦中を過ごして、戦後の日本を訪れたイサム・ノグチ、石元泰博のデザインや写真で、ジャポニカの特性が抽出された。NYMoMAのデザインキュレーター、アーサー・ドレクスラーを日本に派遣したフィリップ・ジョンソンは、竜安寺石庭をただひとこと「涙《ティア》」と評した。

一九三〇年代に自己形成し、独自の方法を身につけた思想家、論客、建築家、芸術家たちに、一九五〇年代に、学生として薫陶をうけ修業した。彼らが日本的モダニズムを編成した中核だった。このジャポニカがアメリカのテクノロジーに偏よったモダニズム・デザインの美的側面を補完するように輸血された。ミニマルな美的判断基準を天皇的＝〈ほんもの〉と論じたのは流亡者ブルーノ・タウトのサバイバル戦略だった。イセ・カツラは白川郷合掌造りとともに「アクロポリスに比肩する」（タウト）と評された。このゴマ擦り発言が奏効して富士山・芸者に替り占領軍のスブニール絵ハガキに登場する。ひとつの時代の美的趣味（精神《ツァイト・ガイスト》）が重要戦果品になった。

『建築の一九三〇年代』（一九七八）は、私が薫陶を受けた師たちへのインタビュー集である。吉田五十八、生田勉、土浦亀城、吉武泰水、高山英華、河野鷹思。立原道造、岸田日出刀は既に故人であったが、何も語ることはあるまいとかんがえられた丹下健三はブレていない。浜口隆一は、『ヒューマニズムの建築』（一九四七）でユマニズムを戦後のメディアが誤解したことを恥じて黙っていた。彼が戦争の最後の年に書きあげた「日本国民建築様式の問題」（『新建築』一九四四）は丸山眞男の『日本政治思想史研究』（一九八三）とともに、日本モダニズムの最重要論考と私は考える。

「一億総懺悔」で国体を保持したとは異制である万世一系の天皇制を継続させたことである。悲劇《ドラマ》は遂に起こらなかった。全体芸術体制であったドイツ、イタリア、日本、これにロシアを含めると、日本だけが例外になった。全國巡幸でアッ・ソウを繰りかえし、天皇本人が笑劇《ファルス》を演じた。ソクーロフの『太陽』（二〇〇六）で昭和天皇をイッセー尾形が演じている。『エルミタージュ幻想』（二〇〇二）でエカテリーナ女帝に妙に腰をふらせる演技をやらせたように、勅語を読みあげるときに口を曲げて発語させた。ともに笑劇を演じさせたのだった。易姓革命でいう革命ではなくて成立している国家の統治者は、茶道や華道や柔道までが家元制で維持されるのに似て、千数百年にわたり文化芸術全般を国家的統治手法に組み立ててしまった。ローマ法王がカソリック王国を統治してきたのに似ている。国学と称する神学も構築されてきた。過激化して日本主義が他国に迷惑をかけたときさえ、総懺悔で切り抜ける。いったい誰が聴聞僧役をやったのか。わが師たちは、転向どころか躓つまずいてもいない。一九四〇年は国内むけの式典だけだったのに三〇年後の一九七〇年までには、所得倍増、オリンピック、万博、列島改造にいたるまで近代世界がモダニズムの目的＝テロスに設定していた理想社会としてのユートピアが片鱗ながら達成されたかのようにみえた。この過程を文化的イデオロギーとして支えたのが、日本的な構成＝モダンデザインを天皇的＝〈ほんもの〉といいくるめる綱渡りのようなレトリックであった。目的＝テロスは終末を設定することにより定向的前進を加速させる手法である。それが達成されたかにみえた七〇年には地すべりがはじまっていた。その始発が一九六八年の世界文化大革命である。これに引きずられて、世界に拡張していたモダニズムの特異解としての日本的モダニズムも解体を始めた。

パッラディオ達の世代が「ローマの劫掠《サッコ・デ・ローマ》」（一五二七）を辺境から遠望しながら感じた挫折感と中心が消滅したことの不安感は、列島における一九七〇年前後の五年間の騒乱に等しい、と私は考えた。パッラディオがローマの廃墟を実測しながら、消された基準線を捜し当てたように、無文字のまま口承で語られ慣習化していた列島の古語が、漢字（文字《ロゴス》）の受容とともに掘りおこされて変成していった日本語のなかでふるい落とされていたコトバにならない身振りがある。これを異国語で説明する展覧会を組みたてる。それが「間＝MA」展であった。

異国において、異国人が、土地の人たちも気付かぬ制度化した慣習、それが土地のユニークな文化だと他国のコトバで語る。文化人類学である。今日ではコロニアリズムか、ポスト・コロニアルか、差別的か抑圧的か、自己規制する訓練はしている。後世の研究者は、ひそかに日記やノートに思わずもたらした本音がないか、それを行間から推量する。その騙りが暗号になっていたとしてもデコーダーがいつかは解読してくれるだろう。タウトの日記が日本語訳されたとき善意で世話をしていたにもかかわらず悪しざまに記されているのを知り井上房一郎はかなり落ち込んだ。特高の元締めであった義兄宅で、一緒に墨絵を習った。本人は入手可能な軸物を収集した。タウトの滞日最後の画帳は戸方庵コレクションに収まるはずだったが妙なわだかまりが残っていたらしく、他の場所にあずけられていた。

「私は桂離宮の〝発見者〟だと自負してもよさそうだ」とブルーノ・タウトは得意げに一九三五年一一月四日の日記（『日本』一九七五）に記している。カツラへの見学を示唆した堀口捨己や森蘊は自著では「桂離宮デザインの重要性は誰も知っていたが、世間一般にはまだ公議されていなかっただけのことである」と控えめに書く程度であったが、日光東照宮こそが日本を代表する建築であると説いてきた多くの論者たちは、いきりたって異国人に教えてもらったのではない、「これは天皇家に所属しており敬して遠ざけたにすぎない」と反論する。そのロジックが既にタウトの図式を容認していたのだから何をかいわんやではある。坂口安吾の「日本文化私観」が発表されたのは『現代文学』一九四二年二月号。おそらくハワイ奇襲、南方進出、マレーシア沖でのプリンス・オブ・ウェールズ撃沈、シンガポール占領と、太平洋戦争をつうじて、日本が勝利するかもしれぬと思われた昭和一七年（一九四二）上半期に発表された。戦勝のニュースが連日流れる只中で書いている。

——然しながら、タウトが日本を発見し、その伝統の美を発見したことと、我々が日本の伝統を見失いながら、しかも現に日本人であることとの間には、タウトが全然思いもよらぬ蹁《へだ》りがあった。即ち、タウトは日本を発見しなければならなかったが、我々は日本を発見するまでもなく、現に日本人なのだ。我々は古代文化を見失っているかも知れぬが、日本を見失う筈はない。日本精神とは何ぞや、そういうことを我々自身が論じる必要はないのである。

（「日本文化私観」三五八頁）

本居宣長は唐様《からごころ》が圧倒的に流行する只中で外部からの他者の眼を下敷きにすることによって「倭様《やまとごころ》」を抽出して国学を成立させた。『日本美の再発見』（ブルーノ・タウト、一九三九）でタウトが発見した日本は文化的問題構制としての「日本」であることを熟知したうえで、安吾は浮かれはじめた世情に釘をさす。返す刀で発見者を自称するタウトの啓発家的姿勢に斬りかかる。タウトの本国での建築アバンギャルドとしての実績は既に白いモダニズムに越えられてしまっていた。彼が編みだした天皇的＝〈ほんもの〉／将軍的＝〈いかもの〉二分論の論法が一九二五年で打ち止めされた一九世紀オーストリア学派の美学に過ぎないことは、モダニスト建築家の間では周知のことだった。

火焔土器の美を縄文文化論で打ちあげた岡本太郎が、考古学者から何処で発見したのかと問われ、東京上野博物館の陳列棚だと答えた論法に似て坂口安吾は「桂離宮の発見者を自負」するブルーノ・タウトを揶揄したのだった。発掘物（モノ）と発見品（コト）が使いわけられている。

坂口安吾の「日本文化私観」は〝異議申し立て〟の書である。

まったく不毛なままメディアにおいて語られている「日本」文化についての言説を「必要《ネセシティ》」の表象にしぼり込むことによって、全否定する。この論法は一九六八年の世界文化大革命の際の文化論的切断として有効であった対抗的論理《カウンターロジック》である「異議申し立て」である。坂口安吾は思想的な出発時点からファルス（「FARCE に就て」一九三二）にこだわる。悲劇ではない。笑劇だけをみずからの方法にした。時勢がきな臭くなった一〇年後に書かれた「日本文化私観」（一九四二）を、私は一九七〇年前後五年間にのみ有効だった論法「異議申し立て」に近い作用をしていたと考える。既成権力のすべて、その萌芽にいたるまでたたきつぶす。後始末できない。その論法だけでは自滅する運命にある。第二次大戦の開戦も敗北も降伏も、徹底的な変革がもたらされるどころか、天皇制を含め、全ての制度が存続した。モダニズムの美学も修正されながら存続した。世界文化大革命（一九六八）を待たねばならなかった。坂口安吾は簡明に、裁断する。美を語るな！（小林秀雄の「無常という事」がねらわれている）歴史を語るな！（ベケットを先取りしている）そして天皇を裸の人間に戻せ！（タウトはじめ日本のモダニストは免罪符にしていた）

必要性《ネセシティ》この一言で一刀両断する。そして捨てゼリフを吐く。
「法隆寺をとりこわして停車場をつくるがいい」

(「日本文化私観」三八四頁)

一九三〇年になされた時代の趣味(美的判断)の変換は中井正一が「ノイエ・ザッハリッヒカイトの美学」(一九三二)を発表していた他には日本国内で注目する論者はいなかった。この趣味の転換は、全体主義、民主主義、社会主義を掲げる近代主権国家に共通して、同時発生していた。イデオロギーを超えていた。それぞれを純化することにより今日では国益というトラップでもある国策を論じていた数々の文化論者は取り扱いに困惑した。

ノイエ・ザッハリッヒカイトは後期バウハウスの美的判断基準であった。ミース・ファン・デル・ローエがマスター・プランをつくったシカゴのIITキャンパス内のモホリ＝ナジ・ラースローなどの亡命者により編成されたニューバウハウスでは徹底してノイエ・ザッハリッヒカイトの美学に基づいた教育方針がたてられていた。ハリー・キャラハンに学んだ石元泰博が発表した《桂離宮》(一九五四)が建築写真の通念を変えた。歴史的建築物の参照を拒絶していたモダニズム建築家が抱えこんでいた矛盾が新即物主義の視線によって引きだされた表徴によって内破《インプロージョン》されたというべきか。といっても結末が明示されるのは、「異議申し立て」が有効になる時期まで待たねばならなかった。このとき笑劇《ファルス》が悲劇《トラジェディ》として立ち現れる。文化論的な「切断」がなされた。

街頭における「異議申し立て」に同調するように発表された『S／Z』（ロラン・バルト、一九七〇）、『これはパイプではない』（ミシェル・フーコー、一九七三）、『ベトナムから遠く離れて』（クリス・マルケル、ジャン＝リュック・ゴダールほか、一九六七）は自ら所属している専門的な領域が確立した普遍的とみなされてきた表徴手段そのものに対して、破壊的な自己言及性を徹底する点において共通性があった。外在する表徴を再現する描写《ミメーシス》によって成立してきた芸術的言説において、それぞれ異なったアイディア（手法）、すなわち形式的手法が成立して、それぞれの領域《ジャンル》が形成された。それが既成権力にみなされる。自ら身にまとい作品として表出した表現に対してさえNOを突きつける。自己撞着する。自縄自縛に陥る。形式性《フォルマリズム》をあえて形式性《フォルマリズム》として提示する。自己言及性として語られた表徴形式である。ここで生成されたイメージと、個別の領域が成立させてきた表徴手法と、その論理《ロジック》の間のズレが意識的に抽出されはじめる。形式の自動運動《オートマトン》である。一九七〇年頃の文化論的回転のあげくに問われることになったのは、意識下に渦巻く無定形のイメージと、それを定着する論理《ロジック》とのズレが、ダークマターのように立ち現れたことだった。

EXPO'70の開幕式前夜に、お祭り広場テクニカル・プロデューサーとして、雪空のもと徹夜で準備状態を確認した挙句、ブッ倒れた。正気に戻ったが、迷路のなかで、きりきり舞いしていた。イメージと代理表象との差異《ズレ》を自己言及的フォルマリズムに徹するプロジェクトを制作して、半世紀すぎた。私の「全仕事」展のはじまりとして、大分市美術館で私の「建築外的思考」の展覧会が準備されている（「磯崎新の謎」展、二〇一九年九月二七日―一一月二四日まで）。謎の檄文が送られた。

チンプン　かんぷん
ちんぷん　カンプン
△※♂◎◇☆→✽¥▽⇔♀♀

わかりません。何の展覧会ですか。

『磯崎新の謎』という展覧会です。

誰ですって？　何の謎ですか。

彼が半世紀かけてやった仕事です。ヒットしたものも没《ボツ》になったものも混じっています。
謎にみえますか。謎が謎をうんでもらいたい。

没《ボツ》が浮かんできます。

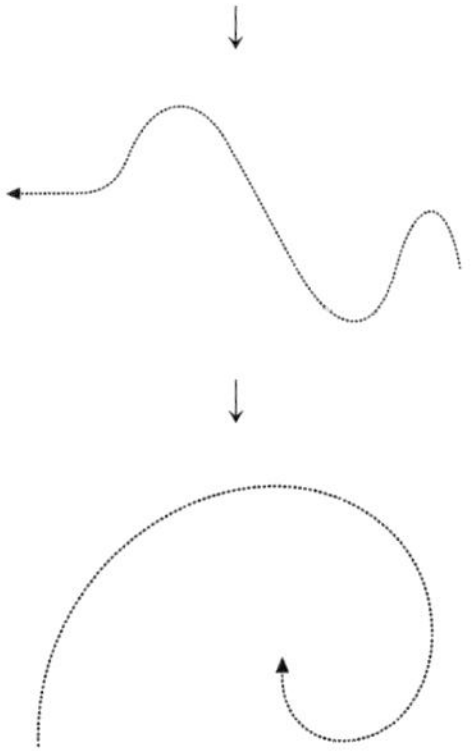

この矢印が解読の手掛かりです。解読者《デコーダー》の面々もおそろいです。文字思考とネット思考の〈はし〉渡をやっていただいております。

寝言いってる。糞《シット》ったれ！（大統領用語）

おんや齢に似合わず、ネット思考に侵されていますね。ウエッブ世界には時間も、空間も、勿論、間も存在いたしません。瞬間があるだけです。

ますますわからないな。こんがらがっちまう。

それがねらいです。迷宮ですよ。矢印はあなたの身体の深部へ、そして外部世界の果てのブラックホールまで到達する指示記号です。解読はあっても解答はない。

美術市場にもまだ登記されてない粗大ゴミじゃないのか。後始末はどうなる。
歴史的にも先例があります。操作不能に陥りつつある宇宙船「地球号」の救出戦略をつくった秘密の室《ラウム》〈間〉です。

クンストカマー〈アタナシウス・キルヒャー〉
コニーアイランド〈アルフレッド・ヒッチコック〉
イマジナリウム〈山口勝弘〉
データアーカイブ〈バックミンスター・フラー〉

AI（JiQi Xin）

III

虚譜

Iso as Absence

There exist we are told areas of the brain never yet used—perhaps they are being put to work now.
I detect it here. something not seen but nevertheless there and not ever seen before.
This is Iso's new Bank Bldg.
my first thought was perhaps if we had all been created pigs it wouldn't have been so different, but—

unpredictability field situation multiplicity surprise sexuality humor immediacy momentum power Butterflies the future wholly History Distance
I have desired an architecture as only a flash of lightning and the night sky. here is summer lightning. my first such experience.
Bucky Fuller's dome was pure mentality but here is a privileged creation.

Sam Francis

不在としてのイソ*

脳には　いままで一度も使われなかった領域があるという。
きっと　そこがいまや働きはじめたのだろう。
ありありとそれが見える。
眼には見えないが厳然とそこにあるもの　いままで誰にもみえなかったもの——
それこそ　イソの新しい銀行だ。

予想不能
場の状況
多様性
驚き
セクシュアリティ
ユーモア
直接性
運動量の力
蝶々たち
まるごとの未来
歴史
距離
わたしが夢みていた　ただ一瞬の尖光と夜空そのものである建築。
イソの建築には夏の尖光がある。
こんな経験ははじめてだ。
バッキー・フラーのドームは
純粋な精神のものだった。

＊磯崎新
サム・フランシス（東野芳明訳『SD』1968年3月号）

To me it seemed to be that as I got closer to music, the breath became more important. When I was with language, what was important was not so much my breath as it was a phrase, or getting from a beginning to an ending. For instance, a stanza was important. When the breath begins to take over—when it begins to be more music than literature—such things as paragraphs, sentences, and what-not are not as important as breathing, it seemed to me.

John Cage

A Word under the Eaves or Not?

Another MA exists, alas! A word with a different root but an identical pronunciation. The other, MA lies in wait for us ; it is the demon's possession of us. Day and night—two words that explain the journey of life. Black and white—can one imagine the Black Holes crossing space-time in this terrestrial world? Vision of catastrophe or paradise, we all tread the same path.

Shuzo Takiguchi

私にとっては、音楽に接近するにつれ、呼吸がより重要になったように思います。
言葉とともにいると、重要なのはフレーズというより呼吸であって、もしくは始めから終わりへどのように到達するかにあるように思います。例えば、スタンザは重要でした。呼吸が関わりはじめると、文学というより音楽になり始めると、パラグラフとかセンテンスなどは、呼吸より重要ではなくなるのです。私にとっては。

ジョン・ケージ（大西穣訳［Smith, Stuart Saunders, On performance: Having words with John Cage, In *Percussive Notes*, 1992］）

軒下の言葉、それとも？

なんと、もうひとつの「ま」がある！　語源を異にした同じ発音の「ま」、それは私たちを狙って、取り憑く魔のことである。日と夜のさながら、これら一対の語は唯だひとつの生活の流れを解明するに足りるだろう。黒くも、また白くも、この地上の時空を通して、ブラック・ホールを想像できるだろうか。おそらく眼に映るものが破局のものであれ、楽園のものであれ、私たちはみな同じひとつの道を辿る。

瀧口修造（『草月』1978-12/121号より抜粋）

宮川淳「もうひとつの機械」（『現代思想』一九七五年八―九月号）は人間機械論にはじまり、モダニズム思想家たちが用いてきた「機械」という比喩を、内側からゆさぶり崩す脱＝構築などという用法や訳語も成立していなかった時代に記された、あたらしい比喩「作動する機械」の定義である。八節の文から成っており、それぞれの節の継ぎ目に†マークがいれてあり、文末に「デリダ／ドゥルーズ／バルト／バルト／ドゥルーズ／バルト／フーコー／ドゥルーズによる」と附してある。参照した引用元はまったく記されていない。文体は宮川淳の息づかいで一貫しているから、推量するに、ここに挙げられた著者のいずれかの「本」から宮川本人が訳し、この順序に並べたと思われる。すべての思考はひとつのテクストからの恣意的な引用であり、その逆流でもあり、書くことはテクストの余白に書き込む行為の集積である。とする当時語られはじめたテクスト論をさらりとやってのけている。本人の思考の足跡は注意深く消されている。「作者の不在」、オリジナル／コピー問題、後にメディア・テクノロジーで浮上するコピペ（書き込み）問題、涼しい顔をしている。

「機械」という言葉に宮川淳がこだわりをみせはじめたのは、群馬県立近代美術館（一九七四）が完成し、私は『même』（一九七五年春号）にそれを『空洞としての美術館』として図面やドローイングと共に短い方法論を発表した頃だった。これに合わせて宮川淳が「〈手法論〉の余白に」（『même』一九七五年初出）を書いている。編集はその建物の批評を依頼したと思われるが、この文（初出）では、エピグラムのように磯崎新『何故《手法》なのか』、ジル・ドゥルーズ『プルーストとシーニュ』、ロラン・バルト『サド、フーリエ、ロヨラ』が並列的に挙げられている（決定稿ではこの部分は消された）。I引用、II機械、IIIロゴテジスと章立てされ、それぞれからの引用文が主で、それをみずからの文で継いでいる。多声的な語りのなかから、斜線（関係性）、隣接性（ブリコラージュ）へと私の建築史にとらわれたディスクールを外へと開く道筋を与えている。そして舌足らずのまんま迷い続けていた私の手《マニエラ》へのこだわりを解きほぐして、それは「作動する機械」——のちにこの指摘をうけて、自動機械《オートマトン》や装置《アパラタス》と私は語ることになる——ではないかとバルトのいうロゴテジス（言語体系の創出）として、シニフィアンの織物としてのテクスト論へ連結する。つまり私の「手法論」を「もうひとつの機械」へと読み替えたのだった。その「機械」は破棄された最初のドラフトではまだ明瞭な姿をしていなかった。『宮川淳著作集I』の解題・校異に遺稿があり、そのなかから未完のメモが発見されている。

〈機械〉としての手法がまたロゴテジスであること。だが、じつをいえばすでに、バルトのロゴテジスも、ドゥルーズ的な意味において、なによりも〈機械〉であり、他方、その作動性ないし固執性においてのみ定義される機械とはすぐれてテクストのメタファー（あるいはほとんどその定義）ではなかっただろうか。

手法論が追及しているもっとも重要な問題もまたそこにあるだろう——建築をそれがあ

らわすべきなんらかのシニフィエ（主題、意味）からではなく、シニフィアンの織物として、いいかえればテクストとして考えはじめること。

（『宮川淳著作集I』美術出版社、一九八〇）

宮川淳の遺稿にある破棄されたと思われるメモランダムは記号、引用、作動する機械、織物、テクストの関係を組み立てる意図であったことが窺える。だが時代のメディア・テクノロジーはアナログである。私の手法論でも作動させている手はアナログ・プロセスに基づく。「磯崎新の謎」展をこの遺稿で宮川淳が構築しようと考えていた思考を手掛かりに編成しようと考えた。一九七〇年前後一〇年間は併走していた。世間からもそうみられていた。第一室〈いき〉之間は中核に「間―日本の時空間」展（一九七八年パリ秋芸術祭）を置いている。これを再現するにあたり、彼の同時期の思考の痕跡である遺稿の思想をそのまま展覧会に組み込むことを考えた。これに対して第二室〈しま〉之間はバージョン・アップしたデジタル・プロセスによって組みたてる。アナログ的展示は自然光だけでいい。だがデジタル的な映像が中核に置かれる展示は暗闇がいい。展示室の雰囲気は対称的に明と暗になった。

宮川淳の『引用の織物』と私の『建築の解体』はともに一九七五年に出版された。そのいずれにも収録されていない「もうひとつの機械」と「空洞としての美術館」を切り結ぶように書かれていた「〈手法論〉の余白に」がもし書かれてなかったら、私はパリ秋芸術祭の企画として『間《MA》』を主題にすることもなかっただろう。戦略的に、宮川淳が「もうひとつの機械」で引用したデリダ／ドゥルーズ／バルト／バルト／ドゥルーズ／バルト／フーコー／ドゥルーズにむけて企画案を作成したのだから。この頃彼はパリに長期滞在していた。そして、私信でプルーストの『失われた時を求めて』をあらためて読解していると伝えてきた。『紙片と眼差とのあいだに』はデリダの差延《ディファレンス》を美術をみる眼のうごきへと移して、ここに時間が発生していることを確認しようとしていたと思われる。『鏡・空間・イマージュ』で既に空間と形象《イメージ》の関係について論じてあった。そして次に取り組むのは時間と文字との関係であると考えていたのだと思われる。空間《スペース》と時間《タイム》の両方に間が含まれている。アナグラムとして「間《MA》」をとりだしてみよう。そんなアイディアを伝えたとき、彼は既に病魔に侵されていた。パリ秋芸術祭でこの企画が実現したときにその姿はなかった。

とはいえ間は漢字である。観客は読めない、代案はないか。ディレクター・ミッシェル・ギー（前文化大臣、アンドレ・マルローの後継）からの問い合わせに、「MA—日本の時空間」はどうかと答えてしまった。時間・空間はTIME・SPACEのおそらく西周による訳語である。漢字圏では時—空がもっとも近いが完全に一致してないし論理的にはアンチノミーでもある。それを裏づけるように両方とも間が組み合わさっている。近代科学では次元に還元されて、t^nの存在論が展開され、相対性理論のポピュラー版が四次元になっていることは常識であった。だがこのトッサの返答で、間《MA》の特異性の理解が半減してしまった。ロジックは伝達できるが、間が浸透している列島の慣習や技芸はやはり説明できない。文字《ロゴス》だけではなにかが欠けてしまう。それを展示したい。とはいえ可視化不能のプネウマ（呼吸、風、生霊）だ。

日本語で思考していない相手に、日本語で発語しながら慣習として身につけている独自の身振りや息づかいが作法、話法、技法を編成し、これが趣味や好みとして美的判断がなされ、ア・ウンの呼吸にまで浸透し、〈ま〉と呼ばれる気分となり、この島国の異質性を形成しているいることを伝達できる形式はあるか。先達として『武士道』（新渡戸稲造）、『茶の本』（岡倉覚三）、『「いき」の構造』（九鬼周造）が特異性、独自性を分析している。いずれも「本」として著されている。文字が伝達手段とされている。その頃流行していた用法に従うと、タテ的思考（漢文、和文）をヨコ的思考へ転換する、今日ではGoogleのアプリで各国語が相互翻訳をされている、これを文化の断面で断ち切って思考伝達する。この三冊は日本文化論紹介の名著といわれている。断ち切り方に共通性がある。武士道・茶道・芸道がそれぞれ文化的特性として抽出されている。「道」が手掛かりになっている。タオ（道）は近代の始まりの頃から、ラテン語系言語の研究者が中華的な思考の真髄として、さまざまに英語への翻訳を試みていた（天心は『茶の本』においてタオの英訳をこと細かく追跡している）。たった一文字であるが直訳では成立しない。玄奘三蔵法師以来、梵語からの仏典の中国語訳が数多く集積されたのに似ている。

漢字は象形文字からはじまった。亀甲を焼成して生じる亀裂のなかに浮かびあがる形象が呪法によって読み解かれる過程で、漢字は形成された。このとき形象はピクトグラムである。記号の断片（細部）が組み合わさって、意味がつくりだされる。多様な断片が構成的に配されることによって、ひとつの文字がうまれる。それにひとつの音声がかぶさっている。アルファベットのような表音文字による表意とは異なっている。フェロノサ－パウンドは漢字の象形的表意性に注目する。ひとつの文字の多義的な含意を駆使した李白の詩を表音文字の羅列である英語へ翻訳する――"CATHAY"。

ボストン美術館の東洋美術部長を失職し、国立奈良博物館への就職も断られたアーネスト・フェロノサは、能の公演にかよいノートをつくるかたわら中国古語としての漢字を習う。英語ネイティヴが日本で日本人が音読みする古語を手がかりに、『詩の媒体《メディウム》としての漢字考』（一九八二）の草稿を書きあげるが、出版する目処がつかずに遺稿になる。エズラ・パウンドが校訂した。言語の表象である文字と形象《イメージ》が、つまりソシュールのいう意味《シニフィエ》するものと意味《シニフィアン》されるものが多義的な詩的言語である漢字を手がかりに肌分かれしていく契機がとらえられている。

パウンドはイマジニズムとして〝キャセイ〟を、エリオットは〝荒地〟を、そして能研究はイエーツの〝鷹の井戸〟へと、メルクマールになるような作品がうまれる。だが、アーネスト・フェノロサの名前はない。媒体《メディウム》と定義したのはフェノロサかパウンドか、いずれであるかは問う必要はない。共著である。いまではパウンドは中国語が読めないのに李白の名訳をつくったと評価されている。詩的言語操作の達人である。たいしてフェノロサは哲学者の用いる平板な文体である。この「漢字考」で扱っている事例は菅原道真一四歳の頃の漢詩である。幼稚である。だから分析の素材に適したといえるだろう。多様なイメージを含むひとつの文字がもうひとつの文字に隣接することにより、さらに複雑なイメージを喚起する。古くから論じられた詩的言語論が漢字のなかに凝縮されている。文字のエコノミーである。同じ頃にエイゼンシュタインは、映像のモンタージュ論をつくりあげる。彼もまた後年、漢字のイメージ生成を悟った。

「〈手法論〉の余白に」の冒頭で宮川淳は私の手法論の一節を引用する。

> これは、近代建築が生み出した新しい素材と結びついた視覚言語、歴史的あるいは地理的な諸様式、宇宙テクノロジーやポップといった、他領域で生まれた土着言語などを、すべて並列的に扱い、そこでの選択や操作が可能であるという状況認識と深く結びついている。いわば、現代建築を構成する諸要素が、かつての近代建築のように、一元化した原理や単一の方式に還元されるべきだという性向とまったく背反して、要素の多元化、マルチ・メディア化が進行し、その氾濫の状況をそっくり許容するという立脚点をもっている。
>
> （『磯崎新建築論集8　制作の現場――プロジェクトの位相』岩波書店、二〇一五）

この建築史のディスクールにとらわれた記述をドゥルーズの《斜線》《隣接性》へと開く。〈関係性〉、〈ブリコラージュ〉と私は理解する。これらは『建築の解体』でクリストファ・アレグザンダー、セドリック・プライス、ロバート・ヴェンチューリ達をとりあげ彼らの思考を分析するなかでとりだしてはあったが、それらの形象《イメージ》が記号のレベルへと還元されることによって、「並列的に選択や操作」できることを私はまだ完全に見透せてない。そのために『見えない都市』（一九六七）の末尾にサイバネティック・エンバイラメントの節を加えてあった部分を『空間へ』（一九七一）に収録するとき、いったん削除し、思いなおして元にもどしたりして編集に迷惑をかけるような有様だったが、デジタル・テクノロジーの時代になってみると『見えない都市』のなかでは、この節だけが生き残った。似た惑いは都市デザインの四段階説（「都市デザインの方法」一九六三）のうち象徴論的段階を記号論的段階に読み替えるか否かにもあった。「日付のついたエッセイ」しか書かないと決めたことを想いだして、これを初出のママにした。デジタル・メディア論でもこの部分だけは生き残る。七〇年前後、建築記号論はかなり盛況ではあった。アンソロジー『Meaning in Architecture』（ジョージ・ベアード、チャールズ・ジェンクス、一九六八）にはウンベルト・エーコの名前も並んでいたが、この流行していた一連の建築記号論は宮川淳が指摘するように建築史の枠にとらわれたまんまであったので、『建築の解体』ではパスした。チャールズ・ジェンクスの『ポストモダニズムの建築言語』（一九七七）はもっと反動的だった。建築論を言語の問題とみなしている点では、建築記号論者はすべて同列だった。それが最新の流行だとも思われた。そこで語られるのはヨコ的思考ばかりだ。私はタテ的思考ネイティブであり、それをヨコ的思考の論理に合わせるようにデザインをやっている。世界のなかの建築ディスクールがヨコ的思考で統括されている。だが、この島国のなかでデザインしながらバイリンガルで思考している。さし当り、アナクロニズムを装うことこそが、タテ・ヨコの障壁を突破する手がかりになるのではないか。音声文字であるアルファベットにたいして、形象文字である漢字をこの島国でも使っているのではないか。フェノロサはヘーゲルやスペンサーを講義しながら漢字の充満する列島の文化空間と異和を感じていたのではないか。すくなくとも、漢字が詩的言語であることを問題化すべきだ、と考えたにちがいあるまい。間《MA》一字に絞り込むドラフトを作成した。

間

空白を感知せよ
静寂の声を聞け

空虚の浸透を想え

「庭」は瞑想のための装置である
解読する前に凝視せよ
理解する前に没入せよ

「間」は解明された世界へ飛躍するための鍵となろう
物ではなく　その間に生れる距離を
音ではなく　それが埋め残した休止部分を　感知せよ

地面に置かれた石は須弥山のある島なのだろうか
白砂は　それをこの世界からへだてている大海なのだろうか

何故　石は奇数にのみ組合わせられているのか
何故　黄金比がみちびきだす斜線の上にのみ配置されているのか
そして何故　白砂だけが圧倒的に全地面を埋めつくしているのか

「間」は　いっさいの知を捨てたあげくに　直感的に感知される
あなたの頭脳を介してではなく
あなたの身体に所属する制御不能の感覚のみを通じて伝わる
呼吸せよ
この「庭」をのみこみ　のみこまれ　合一せよ

―――・―――

日本に持ち帰っても、所詮同義語反復《トートロジー》するだけではないか。展覧会は一〇箇所ぐらい廻って破棄処分した。「間《MA》」は言語的には伝達できないのではないか。「東は東、西は西、ついぞ相見逢うことはない」（キップリング）気分でもあった。間を文字を介して伝達するには限界がある。同じ文字を使っている漢字文化圏では間が時間《タイム》と空間《スペース》に含まれているから、伝達の手がかりは在る。アナログ・テクノロジーはむしろ情動的な表現が似合う。音楽・映像・パフォーマンスなどの関連領域を組み込んだ。とはいっても間は浮かんでこない。相互に翻訳できる別の文字はないか。「間」は飯村隆彦から短編映像制作の協力を依頼されたときに迷いながら記した。詩ならば「呼吸せよ」と題すべきだろうが、この短文は視覚的にも間であるもうひとつのコトバを捜していたときのメモランダムである。Breath 石庭を呑みこみ、呑みこまれる。第一室を〈いき〉之間と名付けた。

「間」は形象文字である。門のむこうから、日や月が昇る情景として説明される。国語辞典ではカンが音読みでマが訓読みである。漢字が日本の古語で読まれた。逆に古語辞典では、目、馬、間、魔、真の漢字が当てられている。全部意味が違う。むしろ目《メ》の古形が目《マ》であるから、真中《マナカ》・眼《マナコ》などの用法から、両眼の間隔へと連想され、間《MA》の用法へ転じたのではないか。視覚的な深度を生む両眼の間は透視図法の開発へと連った。この複眼のメカニズムを単眼の視線で組みたてたのがCGの3Dモデルである。

*

突然、ヘッドライン・ニュースで中断。

中村哲医師がジャララバード郊外で、銃撃され死亡した二〇一九年、一二月、四日八時AM（現地時間）、メディアは桜を見る会の批判ぐらいしかしなかった。深入りすると政権がヤバイ。ここぞとばかりトピックスを一挙にこの痛ましいテロ事件報道へと切り替えた。四名の護衛と運転手を従えて移動中であった。まだ犯人は特定できていない。黒幕は誰か？報道を見ながらアメリカ軍を撤退させたくないものの仕業ではないかと思った。

アフガニスタンが小康状態だった一九七四年に、バーミヤン石窟へ行くためにペシャワルからカイバル峠を越えてジャララバードに行ったときのことを想いだした。アフガニスタン西北部は灌漑水がいきわたった豊かな地であるのに比較して南東部は荒地だった。北部はケシが大量に植えられコカインとして輸出されていた。ペシャワルから日常品を満載したトラックが東部の貧困地帯を素通りして奥地のケシの産地の方へむかっていた。トラックは全面的に彩色がほどこされていた。トラック野郎にでてくるヤンキー的なツッパリ飾画なんか消し飛ぶような超過剰装飾であった。特に目立ったのはサーチライトやストロボフラッシュ、お祭りのときの多色の小型電球などあらゆるタイプの電燈を車輌全体にとりつけ満艦飾の状態で走る。街燈などない曲がりくねったカイバル峠の夜道を運転しているドライバーの孤独な時間を想った。その一〇年後に、私がマンハッタンでパラディアムのデザインをしたときにつき合ったのは、グラフィティをやってきたアーティストのメンタリティだ。フィッシャー・マランツと一緒にそのクラブの照明を設計した。カイバル峠の満艦飾トラックが積載していた電気部品をコンピューター制御するシステムへと組み込んだに過ぎない。ディスコテクチャーとして三〇年後にクローズアップしたこのアイディアは、さらにその一〇年前に国境線が在っても無いに等しいパキスタン・アフガニスタンを往復していたトラック野郎から学んだのだった。

中村哲医師が故郷福岡県筑後川の堤の技法を応用した用水路の分流システムは、二三〇〇年前の四川省成都近郊都江堰の建設者李冰父子が開発していた工法である。岡倉天心は京都のインクラインの建設中にこの地まで赴いている。チベットの雪解け急流を分流させて成都高原を中国一の楽園につくり変えたときの土木工事であった。この技法が列島にも流れついたのだった。中村哲医師のテクノロジー判断は正しい。アナクロニックなローテク（土法）こそが生政治の罠から抜けだせる。

二

所狭しと画賛の他に所蔵印が押され、まずい感想文が加わったりしている山水画をみると、名品といわれていても、この画面を勝手に傷つけていいのかと疑ってみたくもなる。奪い合いの歴史が記されているのは名品の証拠ですよ、と大金を投じたと思われる現所有者はにこやかにほほ笑む。その姿をみると、やっぱり中華は過剰好みの国なのだと悟らざるを得ない。「間」の式年展を二〇二〇年に中国大陸のいずれかで、できないものかと考えていた。

　中国にも画家ランキングがある。日本的嗜好からはほど遠い画家が上位を占める。日本で茶掛けとして最も尊敬され、国宝指定の牧谿の名はみつからない。一〇〇位以下である。すなわち中国絵画史には名が無いに等しい。さして評価の高くない牧谿は画賛を入れる余白を残したまんま日本からの注文に応えて、いきなり輸出していたらしい。高麗井戸に似ている。飼い犬の餌茶碗を拾ってきたものが国宝になった。牧谿、高麗井戸、これに蘭亭序を加えておきたい。これらの名は日本列島では超弩級である。だが産出国では、マイナーで殆ど無名の民具として扱われている。それぞれ、列島のその後の芸術作品に圧倒的な影響を与えた。産出された国では手抜きの模造品でしかない。牧谿は無名の僧、高麗井戸は日常雑器、蘭亭序は王義之が酔っ払って自動筆記した。日本列島の倭国、すなわち大和国では、これら手抜きの輸入品の手抜き箇所つまり空白部分をひたすら凝視した。穴が空くほど眺めた挙句に、聞き齧った経文の空、無だなと悟る。間がとれれば喜ばれる。間がとれなければ狂といわれる。それが「好み」になる。禅の覚醒と同一視されたりする。さらに有難味が加わって、風流といわれる。そこで文人墨客は風狂を装う。中華の過剰を範とするが、異なるところは手抜きの空白を尊ぶ点である。

冒頭（前節）に挙げた三つの引用文も賛である。列島の画壇では中国由来の山水画の余白に高僧や文人に依頼して、画工に描かせた画に漢文を献じる。筆、墨、紙が媒体となり表具して掛け軸が成立する。画賛は著名な詩人であればいいが、ときには名詩を臨書したりする。『南北二宗論』を著した董其昌は画家でもあり批評家、鑑定家でもあった。江南松江の人、米芾の住んだ書画船に憧れ、みずからも大型の書画船を仕立て、ここをアトリエ兼画廊にして、江南の運河上を往来し、旧家に伝わる書画を鑑定し、その評を画賛として余白や巻末に「書き込む」。市価が高まる。他の所有者がこれに所見を加える。そのたびに所蔵印がベタベタ押される。画面の余白からはみだすと、装幀の端部にも構わず捺印される。最後の余白に乾隆帝が巨大な朱印を押して故宮美術館の蔵入りになる。打ち止めである。画工が残した余白をさまざまな所有者、識者、文人、鑑定家が寄ってたかって埋め尽くす。列島では本体は傷つけず箱におさめて函書きを加える。余白がまだしも尊重されている。中国のコレクションへの欲望は際限がない。山水の容姿を際立たせる画面上の余白はさながらコレクターの欲望の争奪戦場のおもむきを呈する。国を挙げて過剰であることをいとわない。過剰であることが尊ばれるようにさえ思える。

はたして「書き込み」過剰の国、中国で「間」が理解されるだろうか。所狭しと所蔵印が並ぶ国宝級の名画展を訪れるたびに想う。間があってはいけない。余白は埋められるためにあると思い込んでいる。民族的気質になっているのではないか。「……の余白に」が並ぶ宮川淳の『紙片と眼差とのあいだに』(一九七四)を貫通しているミニマリズム思考は消去のエコノミーである。「書き込み」可能な余白を避けて、欄外に注解を目立たないように記すことによって微振動が、遅延して到達する長期波動のおこす液状化現象のように転覆を発生させるミニマリズム戦略である。はたして過剰の国に通用するだろうか。

冷戦崩壊でさまよい始めた世界規模の都市開発資本の散発的な初動態勢にひきまわされ、きりきり舞いしていた私は一国二制度(今では香港だけに絞られた)で動き始めた中国にプロジェクトの狙いを定めようとしたとはいえ、「間」が漢字である限り無理に思えた。空地があれば奪取する。空白があれば埋める。埋め足りなくて盛りあげるだろう。向銭看の渦巻くウォール街に親和性がある。過剰こそが強度だと認識されている。『史記』では二〇万の軍隊が一挙に生き埋めにされる。焚書坑儒は四〇〇人とか八〇〇人とか。諸説あるなかで四、六、八の語呂合わせから四六〇人説が支持されるところをみても、竜安寺石庭に絞り込まれる七、五、三の配列による数的均衡論を是とする列島とはアルゴリズムが異なる。それを翻訳し伝達できるのか。

むしろゾロアスター（ツァラトゥストラ）を生みだしたペルシャ語圏の思考方式のほうが空白について思惟を巡らしうるのではなかろうか。とすればアゼルバイジャンに発した拝火教がシルクロードを巡り道教と習合しながら列島に到達した痕跡が飛鳥で発掘されており、その運搬者は胡人《ペルシャ》であると『風土記』などに記されているから、過剰の国を西行して、胡人《ペルシャ》の故郷、現在のイランで式年の展覧会を催すことはあり得ないか。先月号はこんな具合にテヘランへ到達する予定だったが、事件で中断。同じペルシャ語圏のアフガニスタンで、中村哲医師は暗殺された。「動機、いまだ見えず」（イスラマバード、共同通信）二〇二〇年正月の記事は続いた。

追い打ちをかけるが如くに、イラク、バグダッドの空港近くで米軍がミサイルを列車に撃ち込み、革命防衛隊ソレイマニ司令官が暗殺された。

両者とも暗殺である。銃撃とミサイル攻撃の違いがあっても同じ手口である。ともにかつてアメリカ軍が占領し撤退した国である。状況はまったく異なるが中村哲医師暗殺はソレイマニ暗殺の予告であったのではないか。おそらくアメリカの意志にさからって犠牲者の祖国の首相Aと大統領Rは相互に訪問し合っている。占領で対抗勢力を一掃し、治安が回復したはずなのに、よくも俺の顔に泥を塗ったな！と言わんばかりの振る舞いである。九〇年前に日本が満州を侵略したときと同じ手口である。張作霖爆殺による一五年戦争の始まりであった。こんな推論はマユツバものの陰謀論として一蹴されるだろうから、ついでに占領下沖縄に移住している私は中国旅行中ネットで知ることになった首里城炎上についてひとことという。江戸の街では火付け強盗が日常茶飯事だった。火事に気をとられる隙をみて盗みをはたらく。その喩えを用いれば首里に火付けして辺野古を盗む。盗人猛々しいのは基地の主である。ペルシャ語圏で暴れている。ゴルフパットの贈り物程度でデカい顔するんじゃねぇーぞ、とAは警告されている。歴史を物語としてみるならば首里城放火説は安土城炎上に等しい。いずれも理由なく炎上し、歴史が動いた。

瀧口修造さんから、「ローズ・セラヴィ」（デュシャン・マルティプル・グッズ専門店）に入荷があったので一緒に見ようと誘われた。8ミリらしい。暗闇で上映されている。真白、何も撮っていない。ウォーホルじゃないのかな。「消されちまったデ・クーニング」（一九五三）の頃のラウシェンバーグかも、などと思案した。「もう一本ある。こちらは長いよ」。次が始まっている。前のと同じく、真白。ときどき引っかき疵がとぶ。やはり上映がつづいている。終わらない。何時間過ぎたのか、もう我慢できない。手洗いを借りよう、と思った途端に目覚めた。二〇二〇年元旦の初夢だった。

賛のひとつに瀧口さんの「軒下のことば、それとも?・」（一九七八）を引用した。瀧口さんは白い卵に追っかけられる夢を見ることを知っていた為だろうか。

さりながら死ぬのはいつも他人なり

（『マルセル・デュシャン語録』瀧口修造訳編、一九六八）

後に「エッジ・ペインティング」と呼ばれることになる中央の九五パーセントは空白のままの大画面のシリーズを、サム・フランシスは日本に滞在して完成させた。その展覧会の展示デザインを担当することになった。中央の空白と同じ程の白に展示壁を白塗りし、可能な限り照明をフラットにした。キラキラする多彩のエッジが浮かんだ。そのお返しで、大分市にできた福岡相互銀行大分支店までわざわざ視察に来てくれて「脳の未使用箇所が感知した……」ではじまる詩「不在のイソへ」を残してくれた。私たちはその足でサンフランシスコ、ハイト・アシュベリーのダンステリアに改造された旧映画館を訪れた。ブルース・コナーが世界初のリクィッド・プロジェクションをやっていた。全空間に色彩の泡が踊った。サムの「ブルーボールズ」が溶けている。踊り狂っていた。

ヒッチコックが『鳥』（一九六三）のロケをやったような入江の町インヴァネスに最晩年のサム・フランシスを尋ねた。彼はこの辺で育った。「初めて読んだのはウィリアム・ブレイクだった。他の本は全部捨てたけど、いまもそれだけ読み続けている」。全生涯をつうじてサムがこだわりつづけた空白は、ブレイクの闇だった。

『無《ナッシング》の講義』も上演されたマース・カニンガムのマンハッタン公演（アーモリーショウ）のあとを追っかけてシカゴに行った。ジョン・ケージは上手《かみ》舞台脇の小型の演台でプロフェッサー風の服装をして抑揚をつけず淡々と長歌を詠み続けた。下手《しも》でマースらしい人影がかすかに動いて、いつの間にか姿を消した。ロバート・ウィルソンが装置・音響・演出・自演する利賀大山房での舞台は大書されたケージの詩文字が散乱する。中央に机、横にベッドが置かれ、開幕前からロバート・ウィルソンが身じろぎもせずに観客にむかって座りつづける。"Lecture on Nothing"はジョン・ケージが鈴木大拙の霊性に関する講演を聞き、その光景を模して、講義のノートをとったという設定である。大拙はこのとき無という概念をNothingと訳したと思われる。ジョン・ケージは極端にフラットな日常的な語りであった。ロバート・ウィルソンの舞台は神妙な語り具合で始まり、途中で眠くなってベッドに横たわるが、寝つけずに起き上がり、このたびは哲学的な無ではなく、なんでもないよ、どうだっていいんだという日常会話のナッシングの語り口に変わり、バカバカしくなって腹を立て、つまらねー《ナッシング》と叫びだす。そして静寂《サイレンス》。ジョン・ケージの原文を一字一句変えてない。『静寂』（一九六一）に収録されているケージの詩文はセンテンスがバラバラにされ、間が全面的に挿入されている。ダダ詩の型ともみえる。賛に間が呼吸であると語る箇処をえらんである。

この原文をシナリオとみると、ロバート・ウィルソンの演出は徹底してミニマルの過剰である。余白はない。だが空無の気分が利賀大山房を埋めつくして、強度になった。
発語する言葉《フレーズ》、発声する音《サウンド》、どちらもあいだに間《MA》がある。そこを呼吸する。息《プネウマ》で埋める。息《いき》が支配的になると文学《リテラチャー》が音楽《ミュージック》になると沈黙《サイレンス》を貫いた作曲家がいう。息は無限に分割される。無《ナッシング》の量子だ。

*

列島では冷戦崩壊にバブル崩壊が連動した。世界各地で内戦が起こった。サラエボでの見境のない殺戮現場で『ゴドーを待ちながら』が上演される。アイロニィがまだ信じられていた。リーマン・ショックの対策として開発された通信監理システムが今では主権者の統治制御機構に変質し、地球規模のサテライトを介して空中戦が展開されている。かつては「機械化が覇権を握る *Mechanization Takes Command*」（ジークフリート・ギーディオン、一九四八）といわれた。「数」の均衡性がその美的判断だった。第二次産業革命期の最先端建築論である。一〇〇年後の第四次産業革命の目下のトピックは臨界点《シンギュラー・ポイント》到達予測。このときＡＩが人知を超える。その先にテイヤール・ド・シャルダンが『現象としての人間』（一九五五）で推理したΩ《オメガ》点が在る。「巨大数」による崇高性の美学である。このときやっと人体形象主義《アントロポモルフィズム》が無効になる。その次に到来する地球状況を超都市《ハイパー・ヴィレッジ》と予測した。村落単位に凝縮した集団が、相互に別個な制度と法をつくりだし衝突と結合を繰りかえす量子論的ギャラクシー世界である。生《ゾーエー》単位の社会集団については前世紀から議論されている。仮に超絶性の美学として前提の一覧表に書き込んであるが、その書き込みは恣意的だから断言できる証拠はない。半跏思惟するミロクの世界である。「超京数」を思案している。

均衡性――――崇高性――――超絶性

Albrecht Dürer
"Draughtsman Making a perspective Drawing of a Woman"(1525)

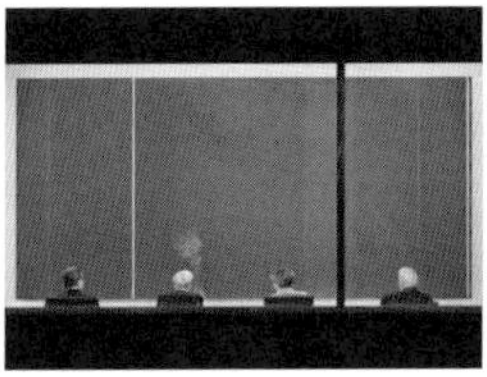

Barnett Newman
"Vir heroicus Sublimis"(1950–51)

500メートル球面電波望遠鏡
(中国科学院国家天文台)

数――――巨大数――――超京数

〈都市《シティ》〉――――〈大都市《メトロポリス》〉――――〈超都市《ハイパー・ヴィレッジ》〉

中央の画像は、Andreas Gursky "Review" 2015 (https://www.andreasgursky.com/en/works/2015/rueckblick) より

三

象潟《きさがた》や雨に西施が合歓《ねぶ》の花　　芭蕉（『奥の細道』）

革新的な政治理論と考えられていた朱子新論を手がかりに目論んだ建武新政が失敗し、隠岐島へ流されるため山陽道を護送されている途中、院庄（岡山県津山市）の桜の大木の幹に「天莫空勾銭　時非無范蠡」の書き込みを後醍醐帝はみいだす。暗号文であった。『太平記』は歴史物語である。歴史的な知識が「喩え」そして解読の手がかりにされる。勾銭は「臥薪嘗胆」、范蠡は「沈魚落雁」の故事を知っていれば、いずれ覇権回復の援助が得られる。ガマンガマンというわけだ。私たちはこの詩句を小学唱歌として強制的に唄わされた。丸暗記させられた。忠臣楠木正成以下が謀叛して、後醍醐帝を奉還する物語になっていた。その物語の主人公范蠡が敵方呉王夫差を色香で惑わすために側女に贈った西施を、梅雨にぬれる合歓《ねぶ》の花に喩える。政治的空間としてだけでなく、詩的空間においても、日本は中国に直結していたのだ。芭蕉は西施が政治的謀略の手段に使われたことを知っていて、雨の降りかかる紅い小さい合歓《ねむ》の花をめでている。「奥の細道」は芭蕉にとっては死地へむかう旅だった。

西行の東下りをもどいている。裏日本をまわって故郷伊賀にたどりついてしまった。死にきれない。「旅に病んで夢は枯野をかけめぐる」の句をどこかに組み込むつもりだったに違いあるまいと私は想像しているが、芭蕉はその途中に裏日本へと道筋をとる。象潟は八十八潟、九十九島と呼ばれた入江と干潟が入り混じった東海岸の松島に対して日本海側の名所であったが、今日では埋め立てられ、秋田コシヒカリの産出地になっていて、かつての面影はない。芭蕉はその光景を「江湖」に重ね合わせたと思われる。突然、西施の名が浮かぶ。呉王夫差を惑わせた西施は、皮袋に入れられ長江に沈められた。揚子江産蛤が西施の舌と呼ばれる。異説もある。『史記・貨殖列伝』では「乃乗扁舟浮於江湖」、范蠡と共に小舟に乗って「江湖」の葦の茂みの間を彷徨い、立ちこめる霧のなかに姿を消した。芭蕉はこの『史記』の物語に依拠している。連想が飛翔して虚《バーチャル》空間としての「江湖」に『奥の細道』が接続した。

当代の武侠小説である金庸の『越女剣』も『史記』に基づく。西施、范蠡の物語は背景であって、白猿に武術を学んだ女剣士が登場する。勿論『史記』にはそんな記述はない。モンゴルに制覇され抑圧された文人たちの妄想が姿をあらわしながら、明代に成立したと思われる虚《バーチャル》空間としての「江湖」は歴史的時間を遡行して、春秋時代（BC七七〇―四〇三）に到達する。そして東進して芭蕉の『奥の細道』に連結する。

水戸学において朱舜水の跡を襲った日本における達磨寺開山東皐心越和尚の伝では「江湖」の人と称されている。心越が清帝国の探索を逃れていくつかの浙江の禅院で修行して修行法の異なる型を学んで独自のシステムに統合した。かつて馬祖道一と石頭希遷が教団をつくった。その禅院を渡り歩くことを「江湖」と呼んだことにちなんでいる。白話小説『水滸伝』の遊侠たちの活躍の舞台が「江湖」のネットワークを更に拡張する。虚構《フィクション》空間が立ちあがる。『三国志演義』はまだ覇権争奪の物語だった。官僚制に支えられた政権の中核である首都とかかわりなく、非都市的な山野を巡る遊侠の徒が集まるアジールとして架空の舞台梁山泊が創出される。『東京（開封府）夢華録』で宋代の都市生活の克明な記録が残る首都開封の東方二〇〇キロの地点にある。今日この架空のアジールの梁山泊は実在したことになっていて、ひとつのスポットが遺跡のように指定され標識も建てられている。

架空小説『失われた地平線』（ジェームズ・ヒルトン、一九三三）のチベット山中都市シャングリラが二一世紀に入ると地図上の雲南省中甸県であると同定され、二〇〇二年に香格里拉《シャングリラ》県、二〇一四年に香格里拉《シャングリラ》市へと改名され、飛行場の名称も変更して実在する都市となった。二〇〇八年に私が訪れたときは、新旧名が併用されていたが街の中心部がまるで映画のセットのように改築中で、既にテーマ的ブティックホテル開発業者が、建設用地に大邸宅風の構想を案内書に組み込んで発表していた。島崎藤村の『夜明け前』の中山道馬籠宿が戦後の民家研究家によって総力を挙げて想像的に復元された事例に比較すると、想像的復元も度が過ぎるなと思われる程に豪華な装いがなされている。

未来都市は「テーマパーク」としてしか建設できまいと「見えない都市」論の未来型とし

て幾度も予告したつもりではあった（"Theme Park," *The South Atlantic Quarterly*, Vol. 92, No. 1, 1993)。いまや新中国では地方政府が音頭をとって街を挙げて虚実入り乱れた観光スポットを創出しつつある。一九六六年の文化大革命にはじまるポスト・モダニズムが歴史主義と誤解され、ポスト文革世代の建築家たちが、それを国是のように推進してきた挙句に到達したテーマパーク化《ディズニフィケーション》の頽廃の極致をみる想いがした。現実のシャングリラにはジェームズ・ヒルトンの物語に登場するラサのポタラ宮を上回るイギリス人の司祭《ラマ》をいただく超豪華宮殿が舞台になるが、それは見当たらない。文革期に略奪破壊されたチベットのラマ教寺院と同様に消えたとされているのか。実際にも今日のチベットの寺院の大部分は消滅している。国王を兼任していたダライ・ラマ一四世が亡命して新政権をつくった。ひとつの宗教国家が移転したことを意味している。文化大革命の頃、寺院は紅衛兵の手によって破壊された。書記として総指揮をとった胡錦涛が国家主席になって以後は各省に割当て、チベットの全域の復興と再建がなされている。近代国家のテクノクラート官僚たちは、スクラップ&ビルトというだろう。フィクションのなかの都市だったシャングリラもその再建計画の一環に組み込まれている。太平洋戦争によって破壊された首里城もかつては同様の手法で再建されていた。先年焼失して再建がいまや政治的課題になっている。想像的復元がなされるだろう。虚像である。再建は、中世の東大寺大仏殿を再建した大勧進重源がとった徹底した勧進方式でなされるべきだと私は考えている。『史記』「外伝」は「歴史に名を刻む」ために附記された。幻となった琉球国が全世界に「勧進帖」を廻す。宗主国の言いなりになるヤマトンチュウから金はもらうな。琉球が歴史に残る唯一の手段はウチナーンチュが、全世界からファンドレイジングしてみずからの手で再建することである。盗っ人が虎視眈々と狙っている。爆音が響いている。埋立てが進行している。コロナ・ウイルスが沈静したときオーバーツーリズムとなるだろう。中世大仏再建は内戦未了の時期だったことは明記されていい。「焼け太り」の喩えもある。琉球が自立するチャンスになる。

『三国志演義』、『水滸伝』、『太平記』、『奥の細道』、『失われた地平線』は歴史的政治空間に依拠している文学的な架空空間である。実在《リアル》した空間に重なるように立ちあがる文学的な虚構《フィクション》空間である。「江湖」はこれらの物語による「書き込み」がなされることによって補完されるテクスト空間である。文化空間とも呼ばれている。

*

一九四五年に列島の「都市」は炎上した。一面の焦土だった。地方の小都市で育った私は、家族、近隣、都市、国家がその制度とともに一挙に消滅する歴史的瞬間を視た。動転する程には成熟していない年齢ではあったが、一種の喪失感にとらわれた。都市はある。だが見えない。見えないけれども都市は存在していると焼け跡をさまよいながら感じた。その身体的記憶だけを只ひとつのたよりにして思考開始した。『空間・時間・建築』（ジークフリート・ギーディオン、一九四一）を都市論として読んだ。タイトルにされた三つの概念（カントはそれを基体概念として批判対象にしなかった）に違和感をもった。あの時の喪失感に連なる手掛かりは何一つ語られていない。その違和感をこそ、まず言葉にしたい。はじめての著作となった『空間へ』（美術出版社、一九七二）の冒頭に言葉にならないイメージを置いた。

あなたはこの奇妙なビジネスを笑ってはいけない。この会社は大真面目で存在している。この東京のどまんなかに、そう空中にただよいながら、この都市にいきるあなたの生活の裂け目にしのびこもうとしているのだ。

（「都市破壊業KK」初出一九六二年、『空間へ』所収）

香港タブロイド誌『明報』に武侠小説を連載する傍ら金庸は主筆として社説を書いた。中国文化大革命の初期に、その真の目的は劉少奇国家主席打倒であり、権力の絶頂にあった林彪の失脚も予言した。武侠小説の政治的構図を現実の紅衛兵の動向に重ね合わせている。むしろ紅衛兵の記した壁新聞を毛沢東が密かに収集して四人組に取り囲まれながら、計略を巡らした過程を追跡した。『中国文化大革命の大宣伝』（草森紳一、芸術新聞社、二〇〇九）の方が政治空間と文化空間の重層、すなわち実《リアル》空間、虚《バーチャル》空間の相補的関係をより明確に浮上させている。隣国中国の一九四九年の建国宣言が辛亥革命（一九一一）の延長に過ぎず未完のままで、これを虚《バーチャル》空間であった文化革命（マオイストとゴダール達は自称した）を逆浸透させ、革命としての「切断」が完了する。挙句に巨大大国に、二〇〇〇年にわたって継続している官僚組織が解体され当代のテクノクラシーへと再編される道筋がつけられた。三〇年かかっている。この間アカデミーに到達する情報さえも途絶えていた。経済やテクノロジー水準も同様の格差があった。それを四〇年後の現在から振り返ると、隣国日本と肩を並べたのが、中間点の一九九五年。その年、アナログ・システムがデジタル・システムへと転換した。第二次産業革命（大量生産）、第三次産業革命（情報社会化）を跳び越えて第四次産業革命（ＡＩ）からスタートする基盤が整った。文化的虚《バーチャル》空間がビューロクラシー社会を切断してテクノクラシー社会へと組み替えた為である。

＊

アナログ時代においてテクストへの「書き込み」を企てたのは『引用の織物』（宮川淳、筑摩書房、一九七五）である。

デジタル時代において、ネットへの「書き込み」をいち早く指示したのは『〈ふるまい〉の詩学』（坂部恵、岩波書店、一九九七）であった。

さしあたり、「流れと出逢いの建築師」（初出一九八四年、『坂部恵集５〈日本〉への視線、思考の文体』岩波書店、二〇〇七年所収）と『〈ふるまい〉の詩学』（岩波書店、一九九七年、各章にチャートがつき、すべて横組みで印刷されている）を私は挙げる。それぞれの発表時期を記したのは同じ建築でもその意味するものや用法が大きく変ってきており、その状況にも坂部恵さんの思考法は対応していることをいいたいためである。前者ではカント由来の建築をダイアグラムを介して空間的に構築していくアナログ手法が駆使されている。後者ではウェブ世界がやっと出現したときに、すでに思考システムをチャート化して、時間的な編成をやるデジタル手法が提示されている。〈建築〉からアーキテクチュアへと建築的言説が移行した状況に対応している。建築物の立ち姿が変ったのではなく、その立ち現れかたがちがってしまった。地上にあったはずが、網状空間へと移動したのである。

（「宙返りする坂部恵」『別冊水声通信　坂部恵　精神史の水脈を汲む』水声社、二〇一一）

坂部恵は、リスボン大地震（一七五五）を幻視した神智学の創設者スヴェーデンボリに惹かれながらも、その非理性的なイメージを排除することで成立したカントの言説が、サドのエクリチュールに酷似していることを指摘したラカンの「カントとサド」（一九六二）を紹介しながら、その構造的類似性は〈建築〉と呼ぶべきものではないかと論じていた。

坂部恵・宮川淳・磯崎新の鼎談（『日本読書新聞』一八二五号、一九七五）は哲学、文学、建築

という旧領域から個別に思考を開始していた同世代者がテクストとそのプラットホームへの「書き込み」を共通の手法にしていたことを確認し合う。まだアナログ時代であった。

坂部恵は演劇モデルと建築モデルを用いて、日本の古語にみえる独自の思考を分析した。〈しるし〉、〈かたり〉、〈ふるまい〉の詩学が語られた。「間《MA》」を〈うつしみ〉、〈かげ〉、〈うつろひ〉……など倭の時代から残存する古語で説明できると私が考えたのは、宮川淳、坂部恵と併行して思考していたためである。坂部がカント解釈の過程で抽出していた〈建築〉から私はアナログ的な〈建築〉とデジタル的な〈アーキテクチュア〉を用法的に整理すべきであろうと考えた。引用を重ね合わすことによって逆に大文字のテクスト空間が浮かびあがるように、ネットに「書き込む」ことの集積が虚空間《バーチャル》を立ちあげる。

できうるならば、読者が、ここでわたくしが使ったものとはまったく違った材料（たとえば中近東や極東の思想的伝統等々）に入れ換えていくつもの別案をこころみてくださることを願っている。

はじめから電子出版にしてインターネットに乗せ、自由に書き込みを募って、のちにわたしならぬ第三者が整理・編纂して（いくつかの）別版を出す。

「相互主体性」について、論者の固有名詞や著作権を保存したままどんなに立ち入って論じるよりも、それ自体がその雄弁な存在証明になるはずである。

（『〈ふるまい〉の詩学』）

『〈ふるまい〉の詩学』と同時期に私は「海市《ミラージュシティ》」（一九九四―九七）のプロジェクトを立ちあげた。マカオ沖の現実《リアル》の場に一九六〇年頃にユートピア計画と呼ばれていた新宿・丸の内・渋谷の空中都市と同様、ひとつのプロトタイプを設計した。それが他者の介入、ネットを介する無記名の「書き込み」などによって変貌していく。その全記録をプロジェクトと呼んだ。虚《バーチャル》空間の立ち現われを期待して蜃気楼《ミラージュ》が海市蜃楼と中国では記されることを知り、福永武彦の『海市』（新潮社、一九六八）を借りた。ネット空間内にのみ存在した。「江湖《ゴウコ》」や「香格里拉《シャングリラ》」のように、虚実が逆転することがあり得るかどうか。二〇年過ぎて『海市』はバージョン・アップする。プロジェクトXと呼ばれる。まだ空中に浮かんでいる。〈超都市《ハイパー・ヴィレッジ》〉の時代が訪れれば、着地してひとつの〈しま〉になるだろう。六〇年前にS／Aの物語として『空間へ』の冒頭においた言葉に出来ないイメージを改めて引用した理由でもある。虚実はメビュウスの輪のように反転する。

瀧口修造は『軒下のことば、それとも?』（「《間》日本の時空間」展カタログ、一九七八）で間《ま》は魔《ま》であるという。夕刻、物体から影が消えて、ベールに包まれたような瞬間が「魔の刻《トワイライト》」と呼ばれている。縁側の天井側の間にうまれる光や空気をフィルターとして調節する日本住宅の〈かげり〉の空間である光線と空気の流通を制御するフィルター、浸透膜ともいえる。

マルセル・デュシャンは極薄《アンフラマンス》（infra-mince）を定義した。私は東野芳明によるこの造語はコンセプチャル・アーティストの手法としては適訳だと考える。インフラにはさまざまな意味がある。それを厚みだけにしぼっている。遺されたメモの破片には気配、影向、示現、〈うつろひ〉など、数多くの眼にみえないが感知しうる波動や振動などの事例が収められていた。アーティスト本人はメタフォアやアレゴリーでしか表現できないと考えていたと思われる。ネット空間で伝達可能なイメージは写像可能な範囲に限定されている。つまり極薄は通信媒体にはのせ得ない。受発信メカニズムが全て人間の感覚器官の延長であり、写像が伝達されるに過ぎない。極薄は無媒介で送受信するテレパシーが開発されるまで無理であろう。

デュシャンの最後の作品、フィラデルフィア美術館にインスタレーションされた「（一）落下する水、（二）照明用ガス、が与えられたとせよ」（"Étant donnés : 1° la chute d'feau, 2° le gaz d'féclairage" 1946–1966）は、題名にあるように落下する水、照明用ガスを与件とするならばとして解読する論理的数式の絵解きをやったよ、というスタイルである。大ガラスのタイトルも「彼女の独身者たちによって裸にされた花嫁、さえも」（"The Bride Stripped Bare by Her Bachelors, Even" 1915–1923）であり、やはり論理学的解析を要請しているが解が無数にある解法で、この時代に哲学の流行になっていた解釈学をパロディにすることを作品化していた。デュシャンは制度としての〈芸術〉概念を破壊《テロル》することを作品にした人だと私は考える。全ての制作は謎の形式で提出されている。その謎を解く鍵はイェール大学美術館のコンクリート壁の高い位置に掛けられている「Tu m'」にある。これは絵解き絵画である。「空間・時間・建築」に違和感をもったと私は記したが、その違和の由来もこの謎解き絵画に隠されている。主題はSPACE, TIME, ARCHITECTUREだ。時間と空間については宮川淳が批判の手掛かりを探していた。建築は坂部恵がカントの用法の限界をつきとめていた。私は両者と併走して、それぞれを批判的に脱＝構築《デコンストラクション》するプロジェクトを組んだ。図面を描くこと。都市の生成プロセスを編成すること。そして、アーキテクチュアを見えない領域に拡大すること。全てがエクリチュールである。

まずは虚空間《バーチャル》へ立ちあがる。プロジェクトが具現化される過程で現実《リアル》空間に着地する。コンフリクトが発生する。虚空間《バーチャル》で乱戦となる。錯綜系、複雑系などの戦争モデルを導入する。挙句にバブル崩壊が起きる。同時に冷戦構造も崩壊する。アナログ書法がデジタル書法へと切り替わる。デジタル社会において暗号は素数列問題である。計算速度でその効用が判定される。おかげで、ひとつの狭い方向の未来しか見えなくなった。並行世界や可能世界がドンドン遠くなっていく。ディストピアしか予測できない。アナログ社会の頃にはもっと多様な世界が見えていた。暗号が形象《イメージ》によって描かれていたからである。たった一つの解など要請されていない。モヤモヤしている。曖昧性《アンビギュティ》、不確定性《アンサーテインティ》、偶有性《コンティジェンシー》だった。無可有郷《ユートピア》もあった。全て過去形だが、「巨大数」社会が量子的に超えられようとする現代、これらはレトロ・ウイルスのようにバージョン・アップするだろう。書法《エクリチュール》の開発がその方向性を指示している。

ギリシャ悲劇は、トロイアやテーベの「都市」国家の滅亡を題材にしている。都市間戦争か王位継承戦争か、いずれも集団的か個の殺人か、殺し合いがドラマを組み立てる。中国も「都市」国家の時代（春秋戦国）は似ている。演劇というより歴史物語である。戦争があるからには、城塞の攻防のための戦略を考案する知者、技術者が要る。孫子は大国の集団的戦闘の陣形などを考慮する。それを補佐する攻城術の技術者を供給したのが墨子である。小国から謀士として雇われている。この関係は今日のネット戦争に連続する。策士《ストラテジスト》は戦略家であるが、謀士は謀略家《ハッカー》である。宇宙衛星《サテライト》や通信網《ネットワーク》を舞台にネット戦争が起こっている。技術開発競争から暗号解読戦争へと様相をひろげているなかで、かつて謀略戦争技術の一環だった細菌戦がウイルス戦へとバージョン・アップする。第二次世界大戦中、旧日本軍の七三一部隊の研究施設がハルピン郊外につくられ、今日では建築家何鏡堂によって、アウシュヴィッツ・ビルケナウ博物館のような「侵華日軍第七三一部隊罪証陳列館」として整備されている。いずれも第二次世界大戦の負のメモリアルであるが、今日では毒ガス、細菌に替わって暗号、ウイルスが主要なツールになっている。

Albrecht Dürer
"Melancholia I"(ca. 1514)

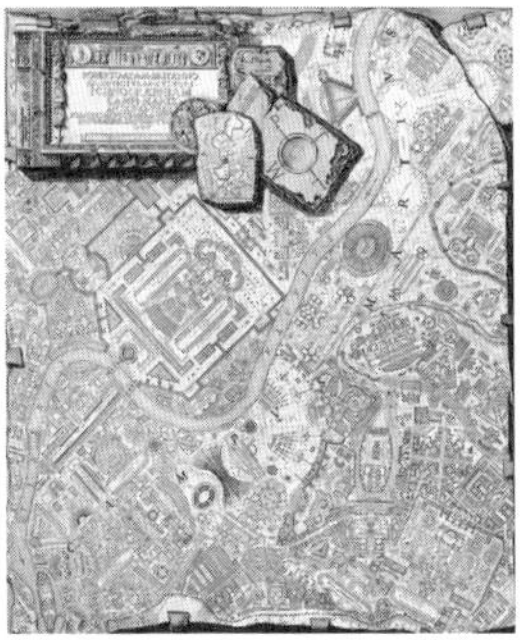

Giovanni Battista Piranesi
"Campo Marzio of Ancient Rome"(1762)

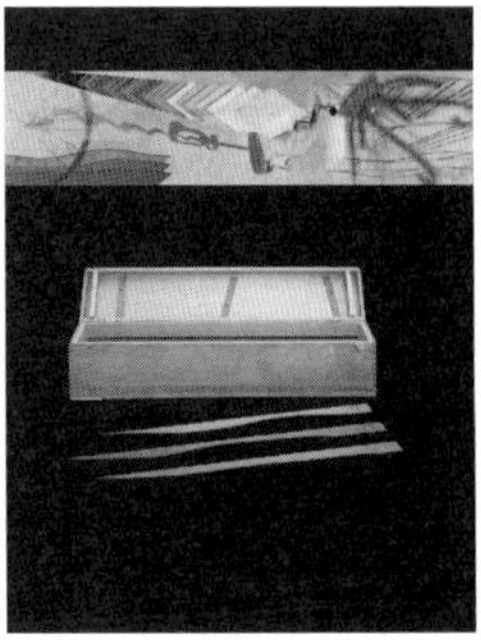

Marcel Duchamp
"Tu m'"(1918)
"3 Standard Stoppages"(1913–14)

武漢のパンデミック対策は習近平国家主席がメディアを通じて号令を発した。途切れ途切れのニュースの言葉のなかに、「これは戦争だ」のひとことがあった。情報戦がアメリカとの間で行われ、これが貿易関税論争になっていた。ウイルス戦が仕掛けられた、と述べようとしたのではないか、とふっと感じた。七三一部隊を想った。旧日本軍は謀略戦の実験として、チフス、コレラ菌を中国のいくつかの箇所に実験的に散布した。ヴェトナム戦では枯葉剤が散布された。あの時代は防毒マスクだったが、現在は白、青、黒色のマスク。パンデミックの歴史的なはじまりは第一次世界大戦を終結に導いたスペイン風邪の流行であった。このときも全世界でマスクがつけられた。アメリカ軍の宿舎から発生して、世界総人口が二〇億の時代に五〇〇〇万人が死亡した（一億人という説もある）。ゲルニカはヒットラーの新型爆弾の実験、ヒロシマ・ナガサキはオッペンハイマーたちの科学者としてのプライド、ウサーマ・ビン・ラーディン暗殺はネイビーシールズ、スレイマニ暗殺は無人ドローンの標的だった。パンデミックは無差別殺人である。いったい誰が仕掛けたのか。地球温暖化の結果として起きたウイルスの一斉蜂起か。人工的に遺伝子操作されたウイルスか。免疫細胞頼りでしかない現在の対策において、相手が進化（変化）して、細菌がペストのレベルに強化したとき、ヴェニス島では患者を残して全員避難した（ヴェネチア共和国では人口の二五—三〇%にあたる四万六〇〇〇人が死亡した）。このとき救済に献身したレデントーレの名前のつけられた教会がパッラディオの設計によって建設された（II 双制 四）。今回は如何なるモニュメントがつくられるだろうか。武漢は閉鎖されている。

瀧口修造、宮川淳、坂部恵に続いて市川浩に『建築の修辞』（美術出版社、一九七九）の函書きをもらった（『現代思想』「総特集＝磯崎新」二〇二〇年三月臨時増刊号、三七〇頁に再録）。沢庵の剣禅一致論『不動智神妙録』の評訳者市川白弦を父として自らは、メルロ＝ポンティの現象学を手掛かりに、独特な身体論（『〈身〉の構造』青土社、一九八四）を展開した。

はじめてアトリエを設立（一九六三年）したとき、二つの暗黙の掟を立てた。①透視図を描かない。②マリリン・モンロー定規だけを使う。図面は製図板上で定規をあてて線を引くアナログ手法によってのみ描かれていたわけだから、手かせ足かせをスタッフに強制することでもあった。透視図法とはデューラーの版画「横たわる女性を素描する人」（III虚譜 二図版参照）で図解されているように、三次元的実体を光線が眼のレンズで屈折して焦点を結ぶメカニズムを反転して、仮定の消失点を設定し、これを二次平面上に投射する手法によって描かれる錯覚である。「絵のような」と形容される虚像である。それを実像と思いこむ。この原理でもどきをやるのが写真《フォトグラフィー》撮影の原理である。日本語への翻訳過程で重大な錯誤があった。誤訳ではない。「写真」の意味は真《トゥルース》がまるごとに写像されていると理解される。

像は真なのだ、と思いこませる。慣用されている間に「デッチ上げ《ファブリケート》」された偽像《フェイク》が真《トゥルース》像になる。デジタルに全ての情報が還元された五〇年後の今日では常識になってはいても、写真は真実を記録するとする共通理解は疑われてはなかった。せいぜい架空、つまり仮定《テンタティヴ》的に恣意的に決める消失点《ヴァニシング・ポイント》を使わない描法、軸測投影図法《アクソノメトリック》だけを用いる。①透視図は描かない。

数式で表現される曲線は法則的な曲率をもつ直線である。アナログ時代ではこれを製図するとき、雲形定規を使った。経験的に使用頻度の高いカーブが恣意的に形板として文房具屋で特殊に陳列されていた。フレンチ・カーブと呼ばれた。エロティックが含意されている。マルセル・デュシャンの「三つの停止原器」（一九一三）（III虚譜 三 図版参照）は一メートルの紐を一メートルの高さから三回床上に落とし、偶然に出来た一回性の曲線である。《Tu m'》（一九一八）は自転車の車輪、空壜立て、壜掃除刷毛、色名帳など、雑貨屋、荒物屋の店頭に並ぶレディメードの影とこの「三つの停止原器」の線を組み合わせた謎々絵画である。最後の油彩作品とされている。「次元の影」と私は理解した。t^3（立体）をt^2（平面）へ射影する。つまり次元の移動を媒介した痕跡が影であるとデュシャンは考えたと思われる。時を刻むのは時計の針であるが、時を生みだすのは順序である。「三つの停止原器」が三枚組であるのは異なるカーブが異なった瞬間に生まれたことを示す。《Tu m'》ではt^2で線が描かれたパターンが意図的に繰り返される。さまざまな時間t^1が描かれる。影、反復、並列いずれも次元の移動または射影とみれば、この絵画はt^4、t^3、t^1、t^2の移行を表現している。「時空間」のアレゴリー（絵画）である。エロティック・カーブが想起させる肉体と「三つの停止原器」の一回性の影（輪郭）を組み合わせ、もどきで形板をつくった。無名時代のマリリン・モンロー定規だけを使う。②マリリン・モンローのヌード写真を切り抜いて定規にした。

パースペクティヴの延長線は、
予想外の歪力によって視線の外へ逸れ、
偶然によって無意味に切断される。

（市川浩による『建築の修辞』函書き、美術出版社、一九七九）

暗黙の掟が手法論として言葉にされた。高松次郎が福岡相互銀行本店内部のインスタレーション作品「影の応接室」を設置したとき一緒に見にいった。そして無刀取りを実演する甲野善紀の道場を訪ねた。白弦師の読解する沢庵の剣禅一致を自らの身体論で再解釈しようとしていたと思われる。〈み〉と〈ま〉をそれぞれ思考の鍵としていた。可能世界の行方を気合と呼吸を介して見つけようとした。〈気〉と〈息〉に行きついた。これらを身体論と都市論として思考を組みたてたあげくに到達したのが錯綜体。彼は「皮膚の限界を超える超身体」（『〈身〉の構造』一九八五）へ、私はアーキテクチュアとしての錯綜体モデル（東京新都庁舎計画、一九八五）へ。西欧中心主義を象徴していた「パースペクティヴ」は忘れていた。

『清明上河図』（張択端など。北宋の都、開封）、『洛中洛外図』（狩野永徳など。戦国時代から江戸時代の京都の市街と郊外）ともに都市光景が描かれている。共通するのは鳥瞰。視点が前者は移動するが後者は固定している。画巻と六曲一双屏風の違いがあるが、これは発注者が皇帝の巡幸をみる立場と、その都市京都を支配する王であったことによる。いずれも「パースペクティヴ」は用いられない。西欧都市の鳥瞰図はやはり透視図法に基づく。私は六〇年代初期に世界の都市を旅した頃、それぞれの当地案内図を使った。ニューヨーク全地区を線描きのアクソノメトリックで描いた折り畳み地図が発売された（Map, New York City, Hermann Bollmann, 1962）。マンハッタンの立体図である。それまでヨーロッパの諸都市で発行された案内図は一挙に霞んでしまった。あげくにロサンゼルスに到着して、見渡す限りサバービアであるこの〈都市〉は「見えない」、認知さえできない空間と思う。「見えない都市」の描法を考えた。「パースペクティヴ」は役に立たない。

市川浩はポール・ヴァレリーの「身体に関する素朴な考察」の第四の身体としての「Implexe＝錯綜体（清水徹訳）」にこの言葉の由来を求めている。私はクリストファー・アレグザンダーが「パタン・ランゲージ」で用いた「セミ・ラティス」と類似したメタフォアであるドゥルーズの用いた「根茎《リゾーム》」を使ったが、〈アーキテクチュア〉の根源を探索する過程でやはりヴァレリーの『ユーパリノス――あるいは建築家』（審美社、一九七三）を参照（「私にとってのアクロポリス」『磯崎新＋篠山紀信　建築行脚（2）　透明な秩序　アクロポリス』六耀社、一九八四）するなかで、錯綜体へ行きつく。身体のアーキテクチュア／アーキテクチュアの身体、両者とも都市モデルにおいては共通の思考法であった。専門的知識は西欧から学んでいる。古語を手掛かりに思考を支配する論理に亀裂を入れる点では宮川、坂部、市川と私も共通していた。同世代として応じていた。虚諧していたのだなと思う。アナログがデジタルに切り替わる事態を予測していた。だが古語は消えないだろう。惑星も同一軌道上にある。

＊

〝Unbuilt〟を主題にして二時間喋り、続いて〝アーキグラム・オペラ〟が上映された後に生き残りアーキグラムの面々、ピーター・クック、マイケル・ウェブ、デニス・クロンプトン達と張永和を交えてトークするM⁺ミュージアムの企画（二〇二〇年二月一二、一三日、香港大学）がキャンセルされた。この企画をつくったキュレーター、エリック・チェンからメールが入った。「タイに脱出できた。香港は封鎖されるだろう」。その香港を出港した大型クルーズ船ダイヤモンド・プリンセス号が那覇クルーズターミナルに寄港（二月一日）、二六〇〇人余りが沖縄観光に散らばり、九時間半後の同日夜に出港、横浜へ向かう途中で日本政府は「水際阻止」作戦を発動。新型コロナ・ウイルス（COVID-19）が密閉状態の船室に蔓延したらしく罹患者が日々増大しつつあり、世界各国が自国籍国民救出のチャーター便を羽田に送る。世界各国では中国からの帰国者はまず離島隔離されている。本土からみると沖縄は全島離島扱いにされ、郵便費は加算されるところをみると、ダイヤモンド・プリンセス号から下船してばらまかれた（既にタクシー運転手が発症している）コロナ・ウイルスは離島集合《アーキペラゴ》で封鎖される措置がなされるのだろうか？〈しま〉を「磯崎新の謎」展（大分市美術館）のひとつのテーマにした。世紀の変り目頃のグローバリゼーション状況をみて、これを大ツナミに喩え、立ち泳ぎしながら、残滓が凝固した〈しま〉に降り立つ。オノコロ島伝説を比喩にして組みたてた世紀の変り目における営業対策のつもりだったのに、世界は九・一一、リーマンショック、三・一一と宣戦布告のない戦争、つまりテロリズムでますます瓦礫の光景がひろがる。

戦争で破壊され〇《ゼロ》度からの都市の再建が二〇世紀中期にはじまり、三〇年間ぐらいで完了する。開発資本は次の行く手を求めて、八〇年代には環球的に再開発ブームが創出される。「デッチ上げ《ファブリケート》」、これがビュロクラートの常套手段になった。立法された都市計画法や建築基準法で制御する一九世紀に成立した近代国家による都市経営システムが形骸化した。とはいっても法治こそが唯一の統治における正当性とされている。都市計画行政が破綻した。制御不能となる。ゲッベルスがメディア操作して大衆動員したいきさつを、列島の内閣府はよく知っている。大政翼賛会的お騒がせ番組にうつつをぬかす国会はパンデミックなど、どこ吹く風。ダイヤモンド・プリンセス号が「小武漢《シャオウーハン》」化した事態を海外からの救出チャーター機到着でやっと悟る。いや総理大臣以下のTVに登場する顔つきをみると国際的な大失態が起こっているコトがわかっちゃいない。

オーシャン・ライナーは動く都市である。タイタニック号沈没がひとつの都市の崩壊であったことは近代都市計画史では常識である。パンデミックもこれまでいくつもの大都市を襲って都市文明が変わった。差し詰めダイヤモンド・プリンセス号事件は想定外都市災害の初歩的都市モデルである。多国籍の乗客、乗組員はアレッポからの難民に等しい。それぞれの国、都市がどのような手段で受け容れるか。「社会は防衛しなければならない」（ミシェル・フーコー）で語られる都市セキュリティ問題である。『日本沈没』（小松左京、一九七三）が沈没の惨状を『ゴジラ』のように描いたけれど、難民化した日本国民が他国に移住して同化できるか否か確信が持てず、続篇の筆を折ったのはよく知られた事実であるが、今起こりつつある多国籍乗員への対処をみると、小松左京の判断が正しかった。

「インポッシブル・アーキテクチャー」展に際しての催事として浅田彰+磯崎新対話（二〇二〇年二月一五日、国立国際美術館）に出発する前夜、那覇クルーズターミナルに寄港したダイヤモンド・プリンセス号の乗客を乗せたタクシー運転手がコロナ・ウイルスに感染した。昨年（二〇一九年）は頻繁に中国旅行をした。前半は武漢の新区マスタープラン都市デザインを、後半は浙江省杭州やその隣の江西省景徳鎮の街づくりや、天台山国清寺（II双制 三）

見学など、ということはこれらの訪問地は日本政府が水際対策で想定している封鎖地帯ではないか。大阪に飛んで満員のホールに座って、いつの時期かに、ここにいた誰かが発症したら感染源のひとりだと疑われるだけの条件をそなえている。急遽スカイプ参加にしてもらった。用意したイメージは「パンデミック都市」。

アルベール・カミュの『ペスト』（一九四七）はアルジェ外港オランの物語である。癘《ペスト》に襲われた記録が町医者の目線で描かれている。今のダイヤモンド・プリンセス号の新型コロナ・ウイルスの始発状況そっくりだ。既に感染が拡張し始めているのに、管理統治機関は病名を明示しない。世界総人口四億人余の中世（一四世紀）に一億人が死亡した記録さえ残るから、その症状は医学的知見として共有されていたにも拘わらず、都市統治制度の枠組みのなかでは、県知事は対策が執れない。「ペスト地区《チク》タルコトヲ宣言《センゲン》シ市《シ》ヲ閉鎖《ヘイサ》セヨ」との電報によってオラン市のパンデミック対策がやっと発動される。武漢市は習近平の重要指示（一月二〇日）、日本列島は那覇寄港は放置して、横浜へ向かう洋上にむかって首相Aはやっと「水際対策」（二月三日）を発動。すべて手遅れだった。メディアはもっぱらWHOの逡巡に責任転嫁しているが、スペイン風邪、エイズ、豚コレラ、新型コロナと、さながらウイルスの人類に対する一斉蜂起という外ない。地球温暖化は今回のパンデミックの契機だろう。だが私はもっと本質的な問題があると思う。「都市」という反自然としての人工物に対しての、見えないレベルの微生物の反乱ではないか。第一九回党大会の習近平報告で使われた用語「大都市病」は、世界の大都市と同じく北京も患っているので首都機能を全て移すという文脈で使われている。まだパンデミックは症候群には含まれていない。武漢は市区人口八五〇〇万人（二〇一六）。私たちがその一部の都市デザインを提案した新区は二〇〇万程度が予測されているから、軽く一〇〇〇万を超えるだろう。縮減が予想される東京に等しい。その大都市が封鎖されている。拡散防止のための封じ込め作戦である。目下は生体に抗原に対する免疫性を与えるしか療法がない。

疫病は民族創生の物語の鍵にもなっている。旧約聖書『出エジプト記』一五章二六節、「わたしは、かつてエジプトびとに下した病を一つもあなたに下さないであろう。わたしは主であって、あなたをいやすものである」の病気は疫病であった。このヘブライ（ユダヤ人王国）建国の物語は奴隷労働者の集団脱走《エクソダス》だがその直接の動機は疫病、おそらく黒死病《ペスト》の蔓延であった。紅海が裂けて脱出路が対岸の地へつなぐ。追いかけるエジプト軍はラムセス帝だけを残し波間に消えていった。歴史を通じて国家は「都市」としての首都《キャピタル》の姿をしている。城壁で囲われ、王宮が中央に配されている。市がたつ。人口が密集する。都市門で関税、検疫がなされることは今日まで続いている。密集地区にパンデミックは発生、王宮内も侵された事例は枚挙にいとまがない。毛沢東の革命戦略の最重要方針は「農村が都市を包囲する」であった。その理論は中国の現代史を今日まで貫いており、武漢の封鎖にも続いている。都市／農村の関係問題である。文明史的な伏線は地球号救済論としての自然／人工物関係問題につながる。暗号問題の手掛かりは『荘子』（応帝王編）の「渾沌」にある。

渾沌
南海之帝為儵　北海之帝為忽　中央之帝為渾沌
儵与忽　時相与遇於渾沌之地
渾沌待之甚善
儵与忽謀報渾沌之徳曰
「人皆有七竅　以視聴食息
此独無有
嘗試鑿之」

日鑿一竅　七日而渾沌死

渾沌

南海の帝儵（あわてもの）と北海の帝忽（せせこましい）が中央の帝渾沌（カオス）の地を訪れて歓待された。

儵と忽はその恩義に報いようと
「人間には七つの穴があり、視る、聴く、食べる、息をしている。ところが渾沌には穴がない。これをつくってやろう」
と相談して毎日ひとつずつ穴をうがった。

七日目には渾沌は死んだ。

人間の小賢しい知恵が善意《イノセント》を持って自然を改造(模像を人工的につくる)し失敗すると読むのが正統的読解と思われる。南海帝儵(あわてもの)、北海帝忽(せせこましい)を「農村」の代理、中央帝渾沌(カオス)を今日の上海のように、中心のまま膨張し肥大した大都市《メトロポリス》を、無秩序な自然としての「都市」の代理として読むと、クリストファー・アレグザンダーが定義したシステム・モデル「パタン・ランゲージ」における「ツリー」が「セミ・ラティス」を改造して殺してしまう。「東京計画一九六〇」のようなユートピア計画を批判するアレグザンダーの展開したこの方法が逆流して失敗する喩えだと読むこともできる。「ツリー」は人体形象主義モデルである。「セミ・ラティス」は情報受信機としての人体バイオモデルである。複雑系の初歩である。オートマトンとしての免疫系にはまだ到達していない。埒が明かない。いずれの側に立つべきなのか。中国文化大革命はもつれにもつれて、敵味方入り乱れたままに進行した。誰が革命主体たり得るか。農民は「大躍進」政策の失敗で疲弊した。「都市」は敵だ。その構成員に達していない未成年者を紅衛兵に仕立てる戦術が組み立てられた。壁新聞がプロパガンダの主役になる。文化大革命はメディアによる革命でもあった。「農村が都市を包囲する」戦略が堅持されていた。

歴史的「切断」、だが自滅する。ラディカル達、ラディカルたらんとし、外からもそのようにみられていた私の自己がそんな認識に到達する。その都度ぶっ倒れた。身体的に変調が起こる。精神的にも危機に陥る。『現代思想』「総特集＝磯崎新」（二〇二〇年三月臨時増刊号）に数多く書かれた諸氏の論は支離滅裂の私の思考を総がかりで精神分析しているんじゃなかろうか、と読み返しながら想っている。それぞれの論者がピックアップし、時には引用もしていただいた文は、冷静さを失って、正気を失った状態で記した箇所ばかりだ。

浮遊する影、私の分身らしい。その影が私を見透かしている。他人のように眺めている。分裂症（統合失調症）の精神医学的症例である。折口信夫は古代日本人の生活習慣のなかで、魔の刻《トワイライト》を経て暗闇が訪れたときには〈ひ〉＝霊は〈たま〉に出入りすると認識されていたと指摘する。巫の憑依はこの状態へ移行していたことである。そのときのうわ言が「お筆先」として記述される。影はソラリスの海のように、平穏であるが、ときに渦巻く。差し詰め脳内ニューロンがランダム・コネクションする発火状態だ。そして正気が戻ってくる。影《イメージ》の文字《ロゴス》化、つまり書記《エクリチュール》を試みる。虚《バーチャル》空間体験を実《リアル》空間に重ね合わす。テクスト空間への

「書き込み」である。記号論ではラカンの象徴界で説明される。私はデザインを仕事にしているから、この関係を投企《プロジェクト》と理解する。それは実演《パフォーマンス》されねばならない。投企することである。ポスト・サッコ・ディ・ローマ世代のパッラーディオとヴァザーリが後世から抜きんでてみえる理由は、前者はマイナーなクライアント相手に平凡なデザインをやれたにすぎないのにビルト、アンビルトともどもそのプロセスを克明に記述《エクリチュール》した(『建築四書』一五七〇)ためであるし、後者はディゼーニョ(デザイン)のインスティチューション(アカデミア・デッレ・アルティ・デル・ディゼーニョ)の設立に努力したためで『画家・彫刻家・建築家列伝』は美術史論の創始だと後世からの評価があるが、多彩なアーティスト達の列伝のフォーマットを介してデザイン力(ディゼーニョ)を評価基準にしてあり、これらが、いずれ〈芸術〉〈建築〉の制度《インスティチューション》へと編成されたことによる。中心(ローマ)が消え旧制度が廃墟となった光景を眼に焼きつけて、ひたすら実務に没頭していたためである。華麗なヴィニョーラに比べれば、彼らのデザインは至って平凡そして凡庸であった。後の時代はその凡庸を徳とした。この国は「バテレンの世紀」(渡辺京二)であった。琉球は城《グスク》の時代、その宗主国となる中国では夷狄である満州族の皇帝が覇権を握り、凡庸を強度化する文化が築かれた。

ダイヤモンド・プリンセス号を縮尺一〇〇分の一の都市スケールモデルに見立てると、ざっと五〇万都市となる。四捨五入すると武漢は一〇〇〇万都市になる。二〇倍の人口を抱える。二月末現在両方共に封鎖されている。「水際阻止」対策は失敗し、列島全域に感染者が発生しつつある。マスク着用とは国家はパンデミック対策を放棄したから、列島民は自己責任でパンデミック対策をやれということだ。内閣府の対策は失敗した。その責任は厚生労働省にあるとされ、まずは大臣が戦犯指名されるだろう。武漢では既に湖北省、武漢市それぞれの政治指導部トップである書記が首にされている。二ヶ月間でほぼ環球的に拡張した今回のパンデミックは、初動態勢の躓きから大事にいたる歴史的事例が反復されたに過ぎず、予想される次の手はスクラップ&ビルトだろう。一五七六年のヴェネツィア、一六六六年のロンドンは汚染地区を焼き払い、レデントーレ教会やセント・ポール大聖堂が復興の記念碑として建設された。そのときの主役として建築家パッラーディオ、クリストファー・レンの名が残った。習近平が「戦争だ！」と語っていることは、将来いつの日にか終結宣言がなされたときに、中国は国家として環球的に感染が拡張したパンデミックのメモリアルとしての記念物を構築する義務が生じるということである。かつては尽力した

パンデミック都市

『ヴェニスに死す』
トーマス・マン

『ペスト』
アルベール・カミュ

『AKIRA』
大友克洋

左｜Thomas Mann, Der Tod in Venedig, München, 1912.／アンドレーア・パッラーディオ　レデントーレ教会
(https://commons.wikimedia.org/wiki/File:Chiesa_del_Santissimo_Redentore,_Venice,_Italy.jpg)
中｜Albert Camus, La peste, Callimard, 1947.／タイタニック号のポスター(1912年)
右｜『AKIRA』(大友克典、講談社、1982–90年)／映画(1988年)

聖人の顕彰であった。二〇世紀の戦争は無名戦士の墓である。毎回違っている。パンデミックという「見えない敵」との戦争の挙句のメモリアルに適切な象徴物は〈都市《アーキテクチュア》〉の姿をさせるべきだと私は考える。いまや都市は、見えない情報との瞬間毎の諍《あらが》いによって統治・制御されている。住民は免疫抗体を保持《サステイン》し、作動する都市活動のすべては情報を回転させることで維持《サスヴァイン》される。免疫性都市《イムニタス》である。線的時間に基づくユートピア指向の時代には未来都市として語られた。多様な未来が見透かせる今日、唯一実験に値するのはモデル免疫都市〈イムニタス〉である。

Ⅳ

鼎制

一

「江漢方艙《はこぶね》医院」と名付けられた武漢の国際会議展示センターの広大な室内空間に見渡すかぎりに埋められた隔離病棟の整列したベッドで、ひとりの若者が洋書をひろげているシーンがネットに流れた。一〇日後にその本は、フランシス・フクヤマの『政治の起源』（*The Origins of Political Order : From Prehuman Times to the French Revolution*, 2011『政治秩序的起源——从前人类时代到法国大革命』）だったと判明。若者は武漢大学卒、フロリダ州立大で教鞭をとっている。新年を両親と過ごすために帰国したが家族一同COVID-19を発症、母親は死亡、本人の陽性反応は消え、一四日間隔離病棟に移されていた、と報道された（二〇二〇・三・二）。フクヤマの前著『歴史の終わり』（*The End of History and the Last Man*, 1992）はヘーゲル的「歴史」を、このたびはマックス・ウェーバー（二〇世紀最初のパンデミック〝スペインかぜ〟に因る肺炎のため死去）の『官僚制』（*Economy and Society* [*Wirtschaft und Gesellschaft*], 1921）をそれぞれ批判している。私がこの記事をみつけたのはWang Xiuying の「ウイルス言語《ヴァイラル・ロジック》」（"The Word from Wuhan", *London Review of Books* Vol. 42 No. 5, 5 March 2020）。

ごった煮状態をかき分ける技を中国で何事かをなそうとすれば知らねばならない。エアポートを建てるとき海外からまず専門家を呼んで講演をさせ、無数の書類を制作し、まったく意見の異なる数々の部門に申請書を提出し、ときに陥穽にはまって別の抜け道を探したとしても、これが間違いだったらもうキャリアがなくなる。最も賢明な道はウイルス攻撃がなされるまで何にもしないこと。それだけだ。

湖北省書記、武漢市長が更迭され上海市長応勇 Ying Yong が華山医院（上海）の感染症部局長を伴い着任し、第一線の医師、看護師を総入れ替えした。（この張文宏感染症部局長が）新チームメンバーに「お前たちが何を考えているか、知ったことか！ 文句言わずにヤレ！」と演説した文句がネットに流れる。罹患したポストドクターがフクヤマを読んでいた記事の日付は「二〇二〇・二・二一」。二〇〇〇年前官僚制が成立したときに、近代主権国家が形成された（マックス・ウェーバー）西欧と比べて、中国では二〇〇〇年前に秦の始皇帝（嬴政）が斉、楚、燕、韓、魏、趙の六国を統合したときに官僚制が成立したと述べている。漢の高祖がその制度を継承して今日に到る。夷狄の王朝を含め孫文の辛亥革命から新中国の建国宣言のなされた一九四九年以降も「官僚制（ビュロクラシー）」は続いている。統治機構として維持されている。「ウイルス言語《ヴァイラル・ロジック》」が指摘する官僚たちにむかってプロジェクトを制作し、海外から参考意見をいう専門家として講演したりして、コンペに落選し、当選しても、迷宮のようなごった煮鍋の「官僚制《ビュロクラシー》」のなかでアンビルトにされる経験を数えきれない程しているので「なんにもしないこと。それだけだ」のひと言は身に染みる。

私たちの社会が〈都市〉を生みだし、そこに文明を築いた。「官僚制《ビュロクラシー》」が都市的政治機構そのものになる。社会的関係においてのみ生存できる人類という種の骨格がすなわち「官僚制《ビュロクラシー》」といえるだろう。とするならば人類が滅亡するときまで「官僚制《ビュロクラシー》」は存続するとみておかねばなるまい。カフカの『城』を引用したくなる。エドガー・アラン・ポーが不条理な迷宮社会を解読する鍵を『スフィンクス』と『暗号論』を掛け合わせようとしたことに脱線したくなる。生物体へのパラサイトの仕方が「ウイルス言語《ヴァイラル・ロジック》」である。その関係は量子論的に解読されるだろう。私の手には負えない。『政治の起源』を読む若い科学者が専門にしている「高解像度低温電子顕微鏡」法の領域である。

ウイルスの伝染は社会政治的な侵犯がなされる暗号ハッキングと同等である。遺伝子の操作を制御する。同様過程で生みだされる免疫抗体もふくまれる。免疫都市〈イムニタス〉も同じく量子論的な「ウイルス言語《ヴァイラル・ロジック》」でイメージされ描かれるだろう。遺伝子の構造は記憶素子の連鎖である。「官僚制《ビュロクラシー》」を成立させ保持してきた記憶を惹起させるような素子が含まれているか否か、見当もつかない。だがその言語《ロジック》がテクノロジーによって記述されることだけは確実で、情報化社会において「官僚制《ビュロクラシー》」はテクノロジーに侵略され変質してテクノクラシーに変貌した。その過程で記述言語は量子化する。テクノクラシー都市〈イムニタス〉が記憶遺伝子の組み込まれた「ウイルス言語《ヴァイラル・ロジック》」によって成立することは想像できるが、さて如何なる手法で記述可能になるか？

先走りしてしまった。四人組が「批林批孔」をスローガンにしたのは始皇帝（嬴政）をたきつけて法家による法治国家へ編成するため李斯が「焚書坑儒」させた故事を用いて、耄碌しはじめた毛沢東を担ぎながら文化大革命の実質的発動者であり毛沢東の後継として明記された林彪を李斯に見立てて断罪する戦略であった。『史記』では始皇帝（嬴政）は幾度も刺客に狙われている（『史記刺客列伝』荊軻）。秘密組織「連合艦隊」の艦隊司令官であった林彪の長男林立果が暗号名B－52として密かに暗殺計画を練った某大物は毛沢東その人であったというまことしやかな噂もある。噂というより前々回で紹介した香港『明報』主筆、武侠小説家金庸の作風からみれば、始皇帝＝毛沢東、李斯＝林彪の等式を『史記』＝文化大革命に組みたてるのは容易い。列島で国民文学作家と称される歴史小説家がやったことと同じである。司馬遷がモデルになっている。『史記』、『漢書』本記を正統な歴史物語であるとすれば中国文化大革命期では、多数の発掘された文物によって物語られた正史（十八史）を補完した。私は「馬王堆」を展示する湖南省博物館（二〇一八）を設計した際に中国全土の考古学博物館を訪れたので記憶している。発掘司令者はいずれも周恩来であった。文化大革命のプロパガンダとして制作された「白毛女」のバレーがミニマル・ミュージックに組み込まれているリンカーン・センターのメトロポリタン・オペラ「中国のニクソン」（作曲ジョン・クーリッジ・アダムズ、一九八七）の主人公はキッシンジャーと周恩来で、ニクソンと毛沢東は脇役である。

政治空間が文化空間として上演された。

ノンフィクションではない。実話である。実話を騙ることが虚構《フィクション》物語である。ここでは虚は実であり、実は虚となっている。偽《フェイク》／真《トゥルース》が二項対立であるかの如くに語られるが、神話であれば騙りであると理解される。リヒャルト・ワーグナーの「ニーベルングの指環《リング》」はゲルマン民族に伝わる伝承に基いている。ルートヴィヒ二世はそのパトロンとしてひとつの王国の芸術的な統治をこころみて失敗した。ヒトラーはその後継を志向して千年王国「第三帝国」を破滅させた。暴力も芸術だった。模像としてシミュレーションされている。パフォーマンスされる場が、実《リアル》空間か虚《バーチャル》空間かの違いにすぎず、生の血か、トマトケチャップか5G映像かの相違であって、時空場所を超えて物語の構造は変わらない。テーマパーク《ディズニフィケーション》と呼ばれる限り、表現技法には流行り廃りがあるが主題《テーマ》が物語であることには変わるまい。

『政治の起源』においてフランシス・フクヤマは自らの視点を「中庸」としている。これは儒家の言葉である。五経のひとつは『礼記』、四書のひとつは『中庸』であり、朱子も

『中庸章句』を編纂しているように中心的命題である。天安門事件が鎮圧され、改革開放路線がテクノクラートによって推進されはじめた前世紀末頃にマックス・ウェーバーやミシェル・フーコーを引用して安定的統治の思想的根拠が議論されていた。いっぽうかなり過激に海外のモダニズム／ポストモダニズムの輸入を排するマオイストと思える守旧派的な論者もいた。ウー・ホンの『北京をつくりなおす——政治空間としての天安門広場』（国書刊行会、二〇一五）が天安門事件の後遺症をたくみに描写している。たまたま私はイコノクラッシュ展（ZKM）で再建された「電気的迷宮《エレクトリック・ラビリンス》」（一九六八）を中国各地（北京、上海、広州、青島）で巡回させる機会（二〇〇四）があり、関連催事としてシンポジウムが開かれた。この展示会では毛沢東さえ語らねばいいと釘をさされた。アンディ・ウォーホルの描いた毛沢東のポートレートのイメージさえ取り下げるという自己検閲をさせられた。「電気的迷宮《エレクトリック・ラビリンス》」はパリ五月革命の影響でミラノ・トリエンナーレが占拠され、いったん破壊され、三〇年後に再建されたその由縁を中国文化大革命の影響だったと説明してもこの部分は通訳されない。つづくトークの際に満員の会場からひとりが立ちあがって演説がはじまる。百家争鳴状態であった。中国現代美術はこの状態で国際化がはじまった。だが、私は会場から連れ出される。「面白くないでしょう。通訳はやめます」。後ろ髪ひかれる想いだがやんわりと監視されていたわけだった。「次の予定場所へ移動です」。黙って従うのが礼である。SNSはまだひろがってなかった。あのマオイストらしいグループと近かったと思える日本では隠栖している老人タイプの美術批評家も孤立しているらしく、たまに観客のなかに顔をみつける。発言しようと挙手しても名指しされない。

中国国家博物館前広場に高さ九・五メートルの孔子像が完成した。呉為山《ウー・ウェイシャン》のデザイン。

（シンガポール華字紙『聯合早報』二〇一一・一・一二）

ＩＣＣギャラリーでの「ソラリス」展の期間中、そこで催されたイベントとして発行された週刊『ソラリス』（MISA SHIN GALLERY 発行、二〇一三―一四・四）の六号に孔子像の顛末が記録されている。長安街に面して、天安門の入口に掲げられる毛沢東の肖像に対面するように立つこの孔子像は突如として礼拝対象になった。対面した場所は国家的祝祭が催されるその起点だった。フランス革命の過程で敵味方入り乱れる混乱の最後に政権を奪取したロベスピエールが祝祭を創出する「最高存在」にかかわる法令を発令し、チュイルリー公園で「無神論」の像を焼き、灰の中から「叡智」の像が出現するイベントが挙行された（『瓦礫《デブリ》の未来』「I. 祝祭」「IV. 平壌」）。理神論の神殿、ブレの描くニュートン記念堂、これが神殿すなわちモニュメントの姿として描かれたことに留意すべきである。儀式の場というべきか。国家統治が象徴化されたシンボルである。パリにとってのコンコルド広場（チュイルリー庭園はその一部）は北京の天安門広場である。シャンゼリゼは長安街である。毛沢東像（「無神論」の像）にかわって巨大な孔子像（「叡智」の像）が出現したとみえたに違いない。孔子像は姿を消した。改装して再オープンした国家博物館を訪れたとき、私は像の行方を博物館の関係者に聞いた。無言であった。像の台座の跡には床石に固定したボルト穴だけが残っている。「坑儒」の痕跡である。

眠りこんで機能不全に陥っていた中国の官僚システムが新型コロナウイルスによるCOVID-19の襲撃で目覚めた。さながら『城』（カフカ）の電話状態であった武漢を封鎖し第一線チームを総入れ替えして、一〇日間で一〇〇〇ベッドの隔離病棟を建設し、全市民を自宅待機させる。世界が想像できなかった荒療治が八五〇万都市で遂行された。三月中旬、拡張の抑え込みに成功したと報道される。足元のヨーロッパ全域にエピデミックが広がりつつあり、WHOはこの時点でやっとパンデミック宣言をする。逆に中国はこの感染対策を第一線で経験したチームをイラン、イタリアに派遣する。新型コロナウイルスは人体に免疫抗体を形成しない。特効薬もみつかっていないとすればその対策は感染を防止することしかない。感染対策の第一線で活動したチームの経験だけが都市免疫としての都市抗体である。免疫不全を起こしていた大都市がウイルスの襲撃を機に都市免疫システム（対策チーム）を生みだした。ここで組みたてられた戦略が「ウイルス言語《ヴァイラル・ロジック》」だった。三・一一の大津波の跡に世界中からボランティアが集ったのと同様に武漢にも専門的ボランティアが集った。地方都市ビュロクラシーまかせにした日本政府は復興対策をなし崩しにしたまんま、フクシマの放射能汚染地区がいまだに封鎖されている。ウイルスはフクシマ第一原発が放出した放射能と同じく眼にみえない。「津波言語《ツナミロジック》」があのとき生み出せたのだろうか。首相Aはフクシマ第一は「アンダーコントロール」と胸を張った。膨大な汚染水のタンク群と黒いビニール袋につめられた汚染表土の置き場の光景は封じ込めに失敗した証拠品である。悪夢を閉じ込めている。ゴシック・ノベルで笑いとばす程のエネルギー(「Kool. Japan」CではなくK)を列島の若者たちは失った。パンデミックは七〇年前にはリアルな不安をかき立てていた世界核戦争(スタンリー・キューブリック『博士の異常な愛情』一九六四)の恐怖と等質の事態である。見えない敵との戦争である。非常事態であり、例外的措置が語られている。三月中旬のパンデミック状態で対処できているのは、近代国家を動かす官僚制がテクノクラシーへと改変できた習近平の中国だけである。マクロンが後追いしている。いずれもかつては民主を説いたが、テクノクラシーに変質してからは、もう忘れたふりをしている。「武漢加油《ウーハンジャーヨウ》」もウイルス言語である。

*

第二次産業革命(大量生産)に対応するマックス・ウェーバーが定義する「官僚制《ビュロクラシー》」ではなく、第三次産業革命(情報社会)に対応するアナーキスト、『負債論』のデヴィッド・グレーバーが『官僚制のユートピア』（以文社、二〇一七）でテクノロジーを駆使するビュロクラシーよりも、ＳＦ作家Ｊ・Ｇ・バラードのサイバー・パンクをバージョンアップしてテクノクラシーを夢見たマーク・フィッシャーの“K-PUNK”（Repeater, 2018）のサイバネティック・エンバイラメントに注目する。第四次産業革命（ＡＩ）に対応可能な視点である。

三者はともに後《ポスト》・ポストモダニストとして現代社会に全面的に「官僚制《ビュロクラシー》」が浸透して抜け出す道はない「ノー・オルタナティヴ」であることを認めている。立脚点は異なる。半世紀前のラベル貼りを用いれば、コンサバ（フクヤマ）、アナーキー（グレーバー）、ラ

新自由主義の全面的拘束（資本主義リアリズム）からの脱出口をサイバネティックス（K-PUNK）による生産の全面的自動化と労働時間の解放を夢想しながら鬱に陥り自死したマーク・フィッシャーの遺稿。
K-punk: The Collected and Unpublished Writings of Mark Fisher, Mark Fisher, Repeater, 2018.

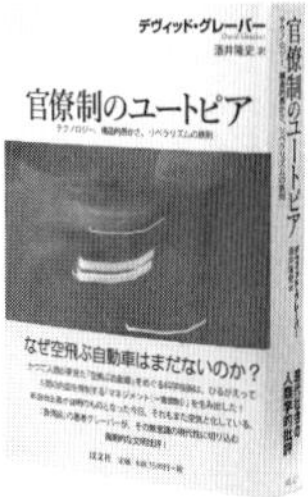

かつて人類が夢見た「空飛ぶ自動車」をめぐる科学技術は、ひるがえって人間の内面を規制する「マネジメント（＝官僚制）」を生みだした！ 新自由主義が自明のものとなった今日、それもまた空気と化している。
『官僚制のユートピア　テクノロジー、構造的愚かさ、リベラリズムの鉄則』デヴィッド・グレーバー（以文社、2017年）
The Utopia of Rules: On Technology, Stupidity, and the Secret Joys of Bureaucracy, Melville House, 2015.

自由民主主義が機能し政治に秩序が生まれるためには、「国家」「法の支配」「政府の説明責任」この三制度のバランスが鍵を握る。
『政治秩序的起源：从前人类时代到法国大革命』法蘭西斯・福山（广西师范大学出版社、2012）
『政治の起源　人類以前からフランス革命まで』（上・下）
フランシス・フクヤマ（講談社、2013年）
The Origins of Political Order: from prehuman times to the French Revo- lution, Francis Fukuyama, Farrar, Straus and Giroux, 2012.

ディカル（フィッシャー）となる。政治的立場を推量すると、「中庸」的民主主義者、規範的《レギュラシオン》自由主義者、電脳的《サイバネティック》過激主義者である。冷戦崩壊、世界金融市場、デジタル化などの大局的状況認識も共通している。だが現実世界へのアンガージュマンはまったく相容れない。米国国家戦略官《ストラテジスト》、ウォール街オキュパイの運動家《アクティヴィスト》、サイバー・パンクのネット・ブロガー、それぞれ旧制度の枠組みである政治・経済・情報から投企《プロジェクト》することで抜けようとする。「プロジェクト」とは、虚《バーチャル》空間を実《リアル》空間へ重ね合わすことである。戦略官として秘密情報を操作することも、オキュパイ運動家《アクティヴィスト》として座り込むことも、ネット空間にウイルスを散らすことも、同じく「虚実被膜の間」に自らを挿し込むことである。ここには「巨大数」が流れている。「見えない」。何ものかと渡り合わねばならない。ビッグ・データを扱う技法が、金融市場の株価の変動を刻々と指示しはじめた頃、世界中の都市のスカイラインが同調しはじめる。棟の群れが棒グラフのようにみえる。群体をなして夜光虫のように光りはじめる。地上から闇が消えた。地上の視覚で「均衡」を論じられていた都心のシルエットは巨大化し影を失って鳥瞰によってのみ判定できる「崇高」の強度へと視点をひきあげたあげくに爆発的な拡散が発生、宇宙衛星からの映像だけが捉える光量子の濃度と流れ、過飽和状態を呈する。アナログ手法では測定できず、デジタル処理によってのみ可視化でき、やっと脳をもつヒトが認知可能な姿《イメージ》になる。現代社会において「官僚制《ビュロクラシー》」が「ノー・オルタナティヴ」であることが、前提にされている三者の論考は、地上《ヒューマン》、鳥瞰《バードアイ》、衛星《サテライト》の視線によって、

〈都市〉の全貌を把握する測定法の変遷に対応している。

それは個体群としての集合形態である。ひとつだけ国家の首都があり、それ以外の都市は首都の形式を模倣する。ここには「官僚制《ビュロクラシー》」が貫通している。その「官僚制」を語る前記三者の論考は地上、鳥瞰、衛星の三段階にひろがってきた視点に対応して、守旧、中道、先端をたまたま選択したに過ぎないとして、その視点の相違は全貌をとらえる手掛かりを提供した人間＝機械系テクノロジーの進展から生まれた。一九世紀の第一次産業革命に続き二〇世紀になって、第二次産業革命（大量生産、システム）、第三次産業革命（情報化社会のメディア）、第四次産業革命（人口知能）にそれぞれの段階で対応した社会的思考方式が案出され、都市をマネジメントする技法もまた深化した。マネジメントの極意は微小な振動によってマッサージされ、心地いい快楽でひたされる究極的均衡状態を生みだす。認知症の専門医が認知症を患い快楽の漸進状態に陥る。「意外に気楽になりました」と語る。涅槃である。眠りが訪れる。PM 2.5 の濃霧で視界が失われるような都心のなかで眠る。巨大都市が微睡《まどろ》む。官僚機構も眠る。

病原がどこから来て、どこに向かったのか明らかにせねばならぬ（習近平）。

（共産党理論誌『求是』二〇二〇・三・一六）

「これは戦争だ」（二〇二〇・二・三）と発言したとき、ウイルス戦争を仕掛けられたと疑っていたのではないかと私は想像した（III虚諧 三）。中国外務省副報道官趙立堅は、アメリカ軍が謀略戦として感染病研究所のある都市武漢に撒いたのではないかと疑うコメントを発信する。対してオブライエン米大統領補佐官はエピデミック拡散は、中国政府が情報公開をせず警告を発していた現地の専門家の意見を封鎖したためだ、中国共産党の隠蔽体質こそが問題だと発言、これを支持するようにトランプ大統領は演説原稿で新型コロナウイルスをチャイナ・ウイルスと書き換えて、あたかもトチッタふりをしながら、中国政府を攪乱する戦術を発信する。貿易関税交渉がウィン／ウィンで決着した（実はロスト／ロスト）と言いくるめる対メディア戦略をエピデミックにひっかける。迷惑しているのは地球上の他の諸国だ。武漢を見習って大都市が次々と封鎖宣言をして、都市機能が麻痺している。ヴァーチャル空間ではシミュレーションだったパンデミックがリアル空間を襲っている。

「喩え」が無効になった。すべてのコトバがリアルポリティックスに結びつく。抑止力としての核がボタン戦争と呼ばれゲームになっていた。いまでは同じアルゴリズムを用いて「巨大数」のビッグ・データがリアル空間を戦争状態に変えた。「ウイルス言語《ヴァイラル・ロジック》」は虚実皮膜の境界膜を破ったのではないか。マルセル・デュシャンの遺した「極薄《アンフラマンス》」も同じくその存在感を喪失する。私たちが頼りにしている言語《ロジック》が消失したとしたら、この世界は如何なる手段で記述されるのか。地球規模のパンデミックの終結宣言がいつ発せられるのか、予測できないが想像はできる。人類という種の個体（生物）が残らずウイルス・キャリアになっている。寄生している。その生体の種もまた高次の群体に寄生する。これが〈都市〉である。その〈都市〉＝社会＝国家のスケルトン（骨格）が「官僚制《ビュロクラシー》」であるとみれば、さて前記三者の想い描く「官僚制《ビュロクラシー》」が太平洋を挟んで対峙している両大陸、両大国のリアルポリティックスである新型コロナウイルスの情報戦争を解読できるか。虚実の境界をつくる括弧を外して連続空間に設定する。「喩え」をリトマス試験紙に見立てる。

一、漢の高祖劉邦が兄弟の契りを結んだ楚の覇王項羽の軍を最後に制圧したとき、「俺は、俺よりも能力のある韓信（戦術）、蕭何（行政）、張良（策略）の助力を得たが、項羽はひとりの范増さえ使いこなせなかった」（『史記』『漢書』）。

二、ゲームとは、拘束された、一定の、問題解決方法である。プレイはコスミックで、オープンエンドである。神々はプレイする。だが人間は不幸にも、ゲームする存在である。ゲームは予測可能な解決をもつ。プレイはそうではないだろう。プレイは創発、新奇性、驚異《サプライズ》を可能にする。

（シブ・ビスナバサン、印度の科学哲学者の言葉、デヴィッド・グレーバー『官僚制のユートピア』二七四頁）

三、「見えない都市」におけるサイバネティック・エンバイイラメント

1. 一定の均衡した条件が維持できるようにその環境に保護膜があること。
2. 互換性にとんだ空間であること。
3. 各種の可動装置がふくまれていること。
4. 人間――機械系が成立すること。
5. 自己学習していくようなフィードバック回路を所有していること。

（磯崎新『展望』一九六七年一一月号初出、『空間へ』所収）


フランシス・フクヤマは「官僚制」の成立を中国の秦漢の時代に置いている。いま空中で新型コロナウイルスの情報戦を展開している米中の首脳を、楚漢の首領である項羽・劉邦のいずれに措定するだろうか。英雄的な首領《ドン》か、テクノクラートのリーダーか？

デヴィッド・グレーバーは英雄的時代が生んだ物語《レシ》よりも、産業革命時代のテクノロジーが生んだファンタジーを繰りひろげるSFに規制《ルール》のユートピアを夢みている。だがそれは新自由主義以降の膠着状態「出口ナシ」状態で涅槃をむかえることになりかねない。たったいま大量に棺桶が発注され、立ち会い人も見送り人もないままひとり《アローン》で呼吸を停止する新型コロナウイルス患者の心境と同じではないか。ゲームに昇天の呪文を加えたら〝乙〟。

〝Acid Communism〟（LSD共産主義）を予告しながら鬱に陥り自死したマーク・フィッシャーが記し続けていたブログ（〝K-PUNK〟）はサイバネティック・エンバイラメントのプレ

イ状態が記述されるはずだったと私は考える。正気と狂気の境界が実と虚の皮膜のように消滅した世界だ。パンデミックが閾（極薄）を吹きとばした。

人類《アントロポ》という種の頭脳がＡＩ（人工頭脳）によって超えられる特異点《シンギュラー・ポイント》が到達したとき新人世に転換すると語られる。この時に測定基準にされたのは「ロボットは人間を攻撃しない」というアイザック・アシモフのロボット工学三原則であった。パンデミック状態ではエイリアンの襲撃に似て地球上の生物体に寄生して受容器としての生体の行動を規制し、変質させている。ゲームの規則《ルール》もつくり変えている。ナノ単位の量子運動によるアポトーシスが常態にされるだろう。マーク・フィッシャーは「ＬＳＤ共産主義」によってこの特異点《シンギュラー・ポイント》の幻視を試みようとしていたと私は想像する。応える声はない。

「そして今日ではデミウルゴスはテクノクラートのなかにエイリアンのように寄生しているようにみうけられる」

（『造物主義論《デミウルゴモルフィスム》』函書き）

磯崎新という謎——憑依・寄生するデミウルゴス

田中純

本書『デミウルゴス——途上の建築《アーキテクチュア》』は雑誌『現代思想』二〇一九年四月号—二〇二〇年五月号に磯崎新が連載したエッセイをその内容としている。磯崎は二〇二〇年四月に心臓大動脈瘤関係の緊急手術を受け、日常生活には無事に戻ったものの、執筆活動への復帰は難しく、この連載はやむをえず中断された。二〇二二年一二月に磯崎が九一歳で生涯を終えたことにより、本書は永遠に未完となった（なお、「途上の建築《アーキテクチュア》」という副題は書籍化にあたってあらたに付されたものである）。

だが、同じく青土社から刊行された『偶有性操縦法《コンティンジェンシーマニュアル》——何が新国立競技場問題を迷走させたのか』（二〇一六）および『瓦礫《デブリ》の未来』（二〇一九）と同じく、本書もまた、磯崎初の著書『空間へ』（一九七一）ですでに自称されていた、「日付のついたエッセイ」集にほかならない。それは磯崎の生の時間と深く結びついた記録であり、或る意味でそもそも完成という終点をもたないテクストだったのである。読者は本書の随所にその年代記的な性格を認めることになるだろう。

琉球民の双制的思考

たとえば、この連載のタイトルは、第一回では「造物主義論〈建築〉――あるいはデミウルゴスの〝構築〟」と銘打たれていたのに対して、第二回ではすでに、「デミウルゴス」のみに変えられている。初回のタイトルは一九九二年から一九九四年にかけて『GA JAPAN』に連載された「《建築》――あるいはデミウルゴスの〝構築〟」（一九九六年に『造物主義論《デミウルゴモルフィスム》』として鹿島出版会より刊行）を踏襲している。本書第I部第一章末尾の「まずは中断した二五章のハンネス・マイヤーの宣言文がバウハウスを自滅させたいきさつからはじめる」（二一頁）というくだりは、『造物主義論《デミウルゴモルフィスム》』の続篇――第II部をなす「和様（化）論」としての『始源のもどき《ジャパネスキゼーション》』（一九九六）に続く第III部――を予告するものだった（本書第I部のタイトル「見取り図」は、その「序論」程度の意味合いだったのではあるまいか）。しかし、そうした目論見は早々に撤回され、連載自体があらたに名付け直されるのだ。これはいったい何故なのか。

連載第二回（本書第Ⅰ部第二章）は『現代思想』二〇一九年五月号に掲載されている。その内容からも明らかだが、それがもとづく同時代的な出来事とは同年四月三〇日の天皇明仁《あきひと》退位である。磯崎はそこで、「西欧世界では退位させられた盲目の王の悲劇がデミウルゴスの命運を物語っている」（二二頁）と指摘し、ソポクレスの『オイディプス王』やシェークスピアの『リア王』、そしてこれらを背景とする黒澤明の『乱』の狂王、一文字家の「棟梁」秀虎の翁《おきな》姿のうちに零落したデミウルゴスの化身を認め、安定した統治を成し遂げながら、みずから退位した途端に栖《すみか》すら与えられずに彷徨うこのかつての王をめぐる物語群に、ひとつの「模像《もどき》」を見定める。そこで発せられる、いささか唐突にも響く言葉が一挙に核心を衝く――「平成天皇は退位を強いられたのではないか」（二三頁）。現在の上皇明仁は流浪するデミウルゴスの系譜のうちに置かれるのである。連載タイトルが端的に「デミウルゴス」を謳うに至った所以であろう。

磯崎が構想するのはこのデミウルゴスの栖《すみか》としての新仙洞御所をめぐる〈アーキテクチュア〉である。それはもはや建造物単体を意味するのではなく、磯崎がかつて《建築》と表記した建築のメタ概念であることも超えて、アート、アーキテクチュア、アーバニズムを貫通する、高度に政治的なデザインとでも言うべきものに変貌している。その政治性は、一九九〇年代の中国・珠海市近海に浮かぶ人工島「海市」計画に始まり、「東アジア共同の家（コモンハウス）」の理念にもとづく福岡オリンピック計画案（二〇〇六）や東日本大震災・原発事故直後の福島遷都計画（二〇一一）、さらに、東京オリンピックに合わせた皇居前広場を舞台とする東京祝祭都市構想（二〇一五）に至るまで、磯崎が手がけてきた数々の大胆なプロジェクト群に通底するものである。

沖縄に移住した「琉球民」磯崎は、「基地のなかに沖縄がある」という写真家・東松照明の言葉を手がかりに、いわば「基地のなか」かつ沖縄の「外」である奥間レスト・センターに、新仙洞御所を冬の離宮として構築することを提案する——「修学院離宮をモデルにできる地形があり、海に囲われている。大海中にそびえる須弥山の趣きを盆山としてとりいれることもできよう」（三九頁）。後水尾上皇が造らせた修学院離宮や小堀遠州が築庭を行なった京都仙洞御所など、日本の「にわ」をめぐる該博な知識にもとづく建築家としての磯崎のヴィジョンが、政治的にラディカルな構想に明快な輪郭を与えている。天皇代替わりにあたり、宮内庁による大嘗宮の設営方針を「いかもの」（ブルーノ・タウト）と批判したうえで、平成天皇（明仁）の大嘗宮まで遡って詳しく検証し、「平成帝が受肉したカミは巽のカミ、太平洋のかなたの宗主国の魂（民主主義）だったのではないか」（五〇頁）という驚くべき指摘に達する推理もまた、磯崎ならではの建築家的ヴィジョンの賜物と言ってよかろう。同世代の上皇明仁に対する個人的シンパシーをうかがわせながらも、磯崎が天皇をめぐる制度や日本という共同体の政治的境界＝限界《リミット》を鋭く問い直すことを可能としたのは、「琉球民」という自覚であったように思われる。同じように沖縄を思想的な拠点とした先達が『沖縄文化論

――忘れられた日本』の岡本太郎であり、『全南島論』の吉本隆明だった。

本書第II部のタイトル「双　制《デュアル・システム》」は、伊勢神宮の内宮・外宮のように、同型だが由来の異なるシステムを併置して一体化した制度を指す。漢字と仮名が入り混じる日本語の表記体系もまた、「双制的思考」の産物である。それを磯崎は（1・1）と表わし、1と1のあいだの間隙、すなわち「空」としての「間《ま》」を感知することだと言う。母方の大叔父である画家・幸松春浦《ゆきまつしゅんぽ》の師匠筋にあたる田能村竹田《たのむらちくでん》を論じて、〈わ〉様化した江戸文化が〈から〉様好みのなかで成立したと見る視点もまた、そんな「間《ま》」の思考であろう。竹田の画論『山中人饒舌』とジョルジョ・ヴァザーリの『画家・彫刻家・建築家列伝』に共通する思考形式を見出すところなどにも、磯崎のこうした双制的思考が表われている。

磯崎が珍しく父の俳人・藻二《そうじ》の句をいくつも引いて、その牡丹愛好に〈から〉様好みの残滓を認めるくだりには、この肉親に向けられた微妙に屈折した感情の翳りが宿る。戦時下、前衛俳句を追究することに挫折して牡丹と花街に逃れた父を回想することは、中国本土で追い詰められ、東海の〈わ〉に亡命した文人たち、とくに禅僧・東皐心越《とうこうしんえつ》への関心に通じていたのかもしれぬ。磯崎は心越にタウトを重ね、彼らはいずれも「難民」であったと語る。「難民の眼」をもつことはすなわち、極めつきの双制的思考である。さすれば、琉球民となったことは磯崎にとって、〈わ〉から沖縄に「亡命」し、そんな「難民」としてあらたな「双　制《デュアル・システム》」を身をもって生きることを意味したのではないだろうか。

磯崎は一五二七年の「ローマの劫掠《サッコ・デ・ローマ》」に一九六八年の「世界文化大革命」の歴史的先例を見出し、ヴァザーリやアンドレア・パッラディオ、ジャコモ・バロッツィ・ダ・ヴィニョーラら、ポスト・「サッコ・デ・ローマ」世代の建築を、ポスト・モダニズムをはじめとするここ五〇年間の建築を取り巻く状況に擬《なぞら》える。これ自体は以前からの磯崎史観だが、本書ではさらに、文化・文政期の文人・竹田と「サッコ・デ・ローマ」世代、そして磯崎自身の世代に共通する笑劇《ファルス》的な性格として、「核心的な中心が消えた挙句に、それでも核心は存在するかの如くに騙りつづけること」（九八頁）が指摘されている。かつて『建築の解体』（一九七五）で「《建築の解体》症候群」のひとつとされた「「主題の不在」という主題」である。

磯崎の思考は竹田からヴァザーリへ、パッラディオから心越へ、そしてまた、心越からタウトへと、文字通り双《デュアル・システム》制的に時代と地域を行き来しながら、『建築における「日本的なもの」』（二〇〇三）で論じた問題構制《プロブレマティック》を辿り直し、「法隆寺をとりこわして停車場をつくるがいい」と嘯《うそぶ》く坂口安吾の「日本文化私観」を、一九六八年の世界文化大革命が生んだ論法「異議申し立て」に通じる、笑劇《ファルス》的に騙られた「対抗的論理《カウンター・ロジック》」として評価する。それは磯崎自身が「異議申し立て」の果てに至り着いた帰結でもあった――「一九七〇年頃の文化論的回転のあげくに問われることになったのは、意識下に渦巻く無定形のイメージと、それを定着する論理《ロジック》とのズレが、ダークマターのように立ち現れたことだった」（一二四頁）。第II部を締め括る、連載執筆当時に準備中だった「磯崎新の謎」展に関する「謎の檄文」（一二五―

一二七頁）は、そんな「ズレ」を言語と記号で演じた笑劇的《ファルス》「騙り」にほかなるまい。本書では、そこで騙られている「謎」がすべての作品制作を「謎の形式」で提出したマルセル・デュシャンから学ばれていることもまた、やがて明かされることになる。

三幅対の間《ま》

第III部のタイトルは「虚階」、これは聲明にともなう打楽器の演奏に際し、同一リズムを反復しているとき、その一部で音を出さずにおく奏法を指す。聲明を唱える僧侶をはじめとする人びとは、その沈黙という「間《ま》」のなかに音を聴くのである。この第III部の冒頭に一種の「賛」として置かれた、サム・フランシス、瀧口修造、ジョン・ケージの英日バイリンガルの三テクストのうち、「ま」について語る瀧口のそれは、磯崎の構想によって一九七八年秋パリで開催された「間《ま》——日本の時空間」展に寄せられたものである。本書で宮川淳が言及されるのもこの「間《ま》」展との関連からであり、その背景には「磯崎新の謎」展〈いき〉篇における「間《ま》」展再現の計画があった。

磯崎は二〇〇〇年に東京で「間——20年後の帰還」展を開催している。それからさらに二〇年後、伊勢神宮の式年造替をもどくようにして、「間《ま》」の式年展を中国大陸で行なうことを磯崎は構想するのだが、山水画の余白に画賛を所狭しと加えてゆく過剰好みの中国よりも、拝火教の開祖ゾロアスターを生んだペルシャ語圏の思考方式のほうが「間《ま》」の空白に近いのではないか、と考える。この着想をもとにした式年展の計画は磯崎の死後も引き継がれ、二〇二四年春にはイランのタブリーズで「間《ま》」展が開かれるほか、かつて拝火教を飛鳥に伝えたシルクロードを辿り、ジョージアなどでの開催も予定されているという。

本書の流れはこの第III部でもまた、突発的な出来事によって中断される。アフガニスタンで中村哲医師が武装勢力によって殺害された事件である。磯崎は本書で、かつてバーミヤンの石窟を訪れた折に遭遇したトラック野郎の思い出しか語っていないが、中村医師がかの地に導入した用水路の工法をめぐり、「アナクロニックなローテク（土法）こそが生政治の罠から抜けだせる」（一四五頁）と書いたとき、磯崎自身が手がけたカザフスタン・キルギス・タジキスタンの三国を跨ぐ「中央アジア大学」のプロジェクトがその念頭にはあったのかもしれぬ。二〇〇四年に磯崎はこの計画についてこう語っている――「何もない、何も見えない、テクノロジーもない、そんなところに放り込まれてプロジェクトに関わる。戦後六〇年間、日本で最も欠落していた条件と向かい合うことになります」（磯崎新・鈴木博之・石山修武監修『批評と理論』、INAX出版、二〇〇五、三七二頁）。中村医師殺害（二〇一九年一二月四日）に続いて起きた、米軍によるイラン・イスラム革命防衛隊ガセム・ソレイマニ司令官の暗殺（二〇二〇年一月三日）、これらに先立つ首里城炎上（二〇一九年一〇月三一日）と、不穏な出来事の数々がこの「日付のついたエッセイ」に時代の痕跡を穿つ。

賛の著者である瀧口・フランシス・ケージという三名それぞれの、空白・無《ナッシング》・静寂《サイレンス》をめぐる磯崎の夢想・追想が語られるなか、やや唐突にそこに挿入されるダイアグラム（二一五四頁）に注目してほしい。「均衡性・崇高性・超絶性」「数・巨大数・超京数」「〈都市《シティ》〉・〈大都市《メトロポリス》〉・〈超 都 市《ハイパー・ヴィレッジ》〉」という三段階に、アルブレヒト・デューラーによる横たわる裸婦を透視図法で素描する画家を描いた版画、バーネット・ニューマンの《Vir Heroicus Sublimis（英雄にして崇高なる人）》の展示写真（アンドレアス・グルスキー撮影）、五〇〇メートルの直径をもつ球面電波望遠鏡の写真がそれぞれ対応させられている。「巨大数」とは、磯崎のフォト・モンタージュ、通称《ふたたび廃墟になったヒロシマ》が展示された一九六八年ミラノ・トリエンナーレの全体テーマだった。その崇高性の美学は人体形象主義《アントロポモルフィスム》を無効化した、と磯崎は言う。それはデューラーの版画が象徴する透視図法《パースペクティヴ》の解体でもあろう。この「巨大数」までは前著『瓦礫《デブリ》の未来』ですでに論じられていた。

問題なのはあらたに加わった「超絶性／超京数／〈超 都 市《ハイパー・ヴィレッジ》〉」の段階である。それは「村落単位に凝縮した集団が、相互に別個な制度と法をつくりだし衝突と結合を繰りかえす量子論的ギャラクシー世界」であり、「半跏思惟するミロクの世界」（二五三―二五四頁）であるという。伝統的なリアルな都市、および、東京のようなアンリアルな都市に対する、ハイパーリアルな都市としてのディズニー・ワールドといった発想は、一九八〇年代の磯崎にすでに存在した。一九九〇年代には、自作のなら100年会館や静岡県コンベンション・アーツセンター「グランシップ」（いずれも一九九八年竣工）をめぐり、人間的スケールを超えた大聖堂のような巨大建築空間におけるハイパーな経験について語ってもいる。それはまた、二〇〇〇年の第七回ヴェネツィア・ビエンナーレ国際建築展での「憑依都市《トランス・シティ》」の展示における「憑依《トランス》」の観念とも通底していよう。さらに、ここで「量子論的ギャラクシー世界」と言われているヴィジョンは、一九九〇年代から二〇〇〇年代にかけて磯崎が「群島」と称していたものをいっそうハイパーにレヴェル・アップしたモデルであるに違いない。

「半跏思惟するミロクの世界」という言及に関連し、「磯崎新の謎」展〈しま〉篇会場の「ダイマクシオン・マップ」が掲げられた片隅には、木製の小さな弥勒菩薩半跏思惟像が展示されていた。これはこの地図の創案者かつ『宇宙船地球号操縦マニュアル』の著者バックミンスター・フラーを暗示している。磯崎は或る会議に際し、夕刻の薄明のなか、フラーがひとり背を伸ばして椅子に腰かけているさまを眼にしたという。そこには瞑想に沈む仏陀のように、何ものも近づけない厳しさが張り詰めていた。磯崎はフラーを「弥勒菩薩の化身」と呼び、「人類を、その不均衡発展による自滅から救済する方策を探しつづけた生涯は、誰かが受け継がねばならないほどに貴重なものであった」と書いている（『挽歌集――建築があった時代へ』、白水社、二〇一四、四九頁）。「謎の檄文」の最後にフラーの名や宇宙船地球号への言及が現われることから見ても、晩年の磯崎にとってこの思想家・発明家の存在が大きなものとなっていたことはたしかだろう。ダイマクシオン・ドームをはじめとして、純粋に幾何学的な原理にもとづく数々の発明を成し遂げたフラーはそこで、弥勒菩薩とともにデミウルゴスの化身という側面も有していたのかもしれぬ。

本書には先のダイアグラムのような三段階ないし三幅対《トリプティック》のイメージが繰り返し登場してくる。一六七頁にはデューラーの《メレンコリアI》、ジョヴァンニ・バッティスタ・ピラネージの《カンポ・マルツィオ》、マルセル・デュシャンの《Tu m'（おまえはわたしを）》および《三つの停止原器》、一八三頁では「パンデミック都市」のタイトルのもとに、トーマス・マンの『ヴェニスに死す』とパッラディオのレデントーレ教会、アルベール・カミュの『ペスト』とタイタニック号の広告、大友克洋の『AKIRA』とその一部の画像といった具合である。これらがすべて「超絶性／超京数／〈超都市《ハイパー・ヴィレッジ》〉」に至る三段階説に厳密に対応しているわけではなかろう。むしろ、三者で一体をなす点が本質的だ。

磯崎が宮川に加え坂部恵の名を挙げてその著書『〈ふるまい〉の詩学』に言及し、さらに市川浩の身体論における錯綜体の概念と自身の東京都新都庁舎案における同名の概念との呼応に触れたうえで次のように語るとき、宮川・坂部・市川の三者もまた、磯崎にとって三幅対をなす鏡のような存在だったのではないだろうか――「専門的知識は西欧から学んでいる。古語を手掛かりに思考を支配する論理に亀裂を入れる点では宮川、坂部、市川と私も共通していた。同世代として応じていた。虚階していたのだなと思う」（一七四頁）。すなわち、磯崎は暗黙のうちにこの三者と、既存の論理に亀裂を刻む拍子《リズム》を共有していたのである。このような三幅対的思考は本書第IV部のタイトルとされた「鼎制」に繋がる。そこではフランシス・フクヤマ、デヴィッド・グレーバー、マーク・フィッシャーの三人が鼎の足をなすことになる。

虚実反転の空間的書法

磯崎は〈超都市《ハイパー・ヴィレッジ》〉の村落単位をなす〈しま〉の〈アーキテクチュア〉を「書き込み」の書法《エクリチュール》として考察する。それは近代建築の三要素とされた「空間・時間・建築」に対する違和感から出発した磯崎が、宮川や坂部と併走しながら開拓してきた道だった——「図面を描くこと。都市の生成プロセスを編成すること。そして、アーキテクチュアを見えない領域に拡大すること。全てがエクリチュールである」(一六六頁)。本書でその手がかりとされるのは、現代の文人と呼ぶべき磯崎にふさわしく、芭蕉の句「象潟《きさがた》や雨に西施が合歓《ねぶ》の花」から始めて紡ぎ出される「江湖《ごうこ》」のテクスト空間である。「江湖《ごうこ》」は原義としては川と湖、とくに揚子江と洞庭湖を意味するが、転じて世の中や世間、さらに都を遠く離れた隠者の住む地、禅宗の世界などのほか、『水滸伝』の梁山泊のような遊侠の徒が集まるアジールを指す、武侠小説のトポスともなった。

架空のテクスト空間だった「江湖《ごうこ》」としての梁山泊やシャングリラ——ジェームズ・ヒル

トンの小説『失われた地平線』の舞台――が、現代の中国では実在する場所や都市――香格里拉市《シャングリラ》――とされ、テーマパーク的に開発されている事実を磯崎は引く。「実空間《リアル》」と「虚空間《バーチャル》」はメビウスの輪のように反転するのであり、それゆえ、かつての「海市」――「蜃気楼」の含意がある――もまた、〈超都市《ハイパー・ヴィレッジ》〉の時代には「着地してひとつの〈しま〉になるだろう」（一六四頁）と磯崎は言う。そのために開拓されるべきものが、テクスト的な虚構空間《フィクション》に「書き込み」を行なう書法《エクリチュール》なのだ。磯崎の説く「騙り」の重要性はここに由来する。アナログからデジタルへの書法《エクリチュール》の変化を経たうえで、磯崎は本書でさらに、暗号――謎――を素数列問題に還元してしまうデジタル化よりもむしろ、それを曖昧で多様な形象《イメージ》として扱うアナログ書法がヴァージョン・アップして回帰する可能性を示唆している。

二〇一九年に大分市美術館で開催された「磯崎新の謎」展〈いき〉篇＋〈しま〉篇は、展覧会という「書法《エクリチュール》」による「磯崎新」というテクスト空間の編成だったと言えるかもしれない。これは全六部門からなる「磯崎新の全仕事」展の第一弾となる二部門であり――残る〈うつし〉〈かげ〉〈ながれ〉〈うたげ〉の四部門は未実現――、媒体《メディア》をテーマとする〈いき〉篇は磯崎のインスタレーション・ワークやアーティストとのコラボレーション、〈しま〉篇はおもに都市デザインに関するプロジェクトを取り上げている（詳しくは大分市美術館発行の同展パンフレット、および、『現代思想』「総特集＝磯崎新」二〇二〇年三月臨時増刊号、三七一―四〇二頁参照）。「謎の檄文」で磯崎はうねった左向きの矢印と螺旋を描いた逆方向の矢印を示し、それらが「謎」解読の手がかりだと言う（この二種類の矢印はそれぞれ、「磯崎新の謎」展〈しま〉篇の27「海市計画」と22「孵化過程」の壁面に赤い点線で描かれていた）。本書でデュシャンの「謎解き絵画」と呼ばれている《Tu m'》にあたるのがこの檄文ということになろうか。先の二つをはじめとする展示会場壁面の矢印は、磯崎が若き日に新宿「ホワイトハウス」で出会った荒川修作の後年の作品「ダイアグラム」シリーズも連想させよう。

檄文の末尾に書かれた「AI（JiQi Xin）」という署名のうち、AIは磯崎のイニシャル、JiQi Xinは「磯崎新」の中国語読みである。磯崎はかつてエッセイ「都市破壊業KK」（一九六二）で「新」という名をARATAとSINという対立する二人格に分裂させ、都市の計画と破壊をめぐる対話劇を演じさせた。一方ここでは、JiQi Xinと名乗ることでその対立の根拠が消え失せているうえ、「人工知能」を暗示するAIというイニシャルのみの表記によってさらに、「磯崎新」という人物からは遠ざかっている印象を与える。言い換えれば、「磯崎新」が「AI（JiQi Xin）」という暗号に変換されているのである。その暗号化自体が展覧会に対する「謎解き」の鍵なのかもしれぬ。

免疫都市のウイルス言語《ヴァイラル・ロジック》へ

本書は終盤一挙にそれまで以上の緊迫感を帯びる。「虚階」第三章は次の一文で終わる

――「武漢は閉鎖されている」（一六九頁）。新型コロナウイルス感染症（COVID-19）によるパンデミックは「日付のついたエッセイ」を否応なく変える。コロナ禍初期のまったく不透明な状況のなかで、磯崎の現状認識も大きく揺れている。「パンデミック都市」の分析を試みながら、その考察は突然、かつてラディカリズムが「自滅」した世界文化大革命の時代に磯崎が陥った肉体的・精神的危機の記憶によって切断される。そんな危機の最中で綴られた自分の文章は冷静さや正気を失ったものだった、と磯崎は言う。そこで語られる経験は磯崎の創造プロセスを明かす告白として貴重であろう――「浮遊する影、私の分身らしい。その影が私を見透かしている。他人のように眺めている」（一八一頁）。それは統合失調症、あるいは、「巫の憑依」に似て、そんな憑依状態での譫言《うわごと》が「お筆先」として記述される。磯崎はここで、肉体的・精神的危機における自分のテクストやイメージが、そんな「お筆先」の一種であったと語って（騙って）いるように見える――「影はソラリスの海のように、平穏であるが、ときに渦巻く。差し詰め脳内ニューロンがランダム・コネクションする発火状態だ。そして正気が戻ってくる。影《イメージ》の文字化《ロゴス》、つまり、書記《エクリチュール》を試みる」（一八一頁）。デザインを仕事とする磯崎にとってこの「書記《エクリチュール》」とは、「投企《プロジェクト》」の「実演《パフォーマンス》」にほかならない。

コロナ禍という危機を受けて磯崎が構想したものもまた、「パンデミック都市」をめぐる投企《プロジェクト》だった。そのモデルは「免疫都市〈イムニタス〉」というキーワードで予告される。

「ウイルス言語《ヴァイラル・ロジック》」は虚実皮膜の境界膜を破ってしまったのではないか、と磯崎は書く。人類が残らずウイルス・キャリアになって寄生状態となったとき、「その生体の種もまた高次の群体に寄生する」(一九九頁)。その群体が〈都市〉――免疫都市〈イムニタス〉である。

この免疫都市は本書の前段で「超絶性/超京数/〈超都市《ハイパー・ヴィレッジ》〉」の三幅対で示唆されていた世界の延長線上にはあれ、それとけっして同一ではなかろう。「実《リアル》」と「虚《バーチャル》」とのあいだの境界膜――デュシャンの「極薄《アンフラマンス》」を含め――を無化してしまう、磯崎が「量子論的」と形容する「ウイルス言語《ヴァイラル・ロジック》」なるものの作用が、パンデミックを契機にここであらたに発見されている、と考えるべきなのだ。磯崎によれば、「ウイルス言語《ヴァイラル・ロジック》」とは〈都市〉=国家=社会の骨格である官僚制《ビュロクラシー》と人間という生体種との寄生《パラサイト》関係の論理であり、テクノロジーの浸透によって官僚制《ビュロクラシー》が変質して生まれたテクノクラシーの記述言語である。こうした発想は期せずして、通常の言語そのものを人間に寄生して支配するウイルスと見なし、それに対する対抗戦略として「カットアップ」をはじめとする言語改造の方法を案出した、作家ウィリアム・バロウズの思想と共振している。

磯崎が官僚制《ビュロクラシー》を重視するのは、コロナ禍の緊急事態下で中国の官僚制《ビュロクラシー》が強力に発動されたことをきっかけにしている。磯崎は中国における数々のプロジェクトで、この国の官僚制《ビュロクラシー》に翻弄され、苦汁を嘗めさせられた経験をもっていた。現代社会における官僚制《ビュロクラシー》支配を論じたフクヤマ、グレーバー、フィッシャーを磯崎が取り上げるのは、官僚制《ビュロクラシー》に内在して虚実皮膜の閾を無化する、「ウイルス言語《ヴァイラル・ロジック》」の語法を探るためである。

この三者のうち、磯崎はとくにフィッシャーに注目している。コンサバな「中庸」的民主義者フクヤマ（米国国家戦略官《ストラテジスト》）やアナーキーな規範的《レギュラシオン》自由主義者グレーバー（ウォール街オキュパイの運動家《アクティヴィスト》）よりも、ラディカルな電脳的《サイバネティック》過激主義者フィッシャー（サイバー・パンクのネットブロガー）を選ぶのである。グレーバーが第三次産業革命（情報社会）のレヴェルに留まっているのに対し、フィッシャーのLSD共産主義はAIによる第四次産業革命に対応可能な視点を有し、磯崎がかつて「見えない都市」（一九六七）で唱えた「サイバネティック・エンバイラメント」のテクノクラシー・ヴァージョン――人類の頭脳がAIに凌駕される特異点《シンギュラー・ポイント》――を幻視しているからである。そこでは「実《リアル》」と「虚《バーチャル》」の皮膜同様、正気と狂気の境界が消滅する。フィッシャーは自死してしまい、もはや「応える声はない」（二〇一頁）。その応答の代わりとして本書の末尾に置かれた、四半世紀近く前に磯崎が書いた言葉は、いまやあたかも予言のように響き、本書のタイトル「デミウルゴス」こそが極めつきの「ウイルス言語《ヴァイラル・ロジック》」であったことを告げている。

本書は「磯崎新」という「謎」の鍵であると同時に、その「謎」からさらにあらたな「謎」を生むための装置であると言ってよい。「デミウルゴス」とは磯崎のなかに宿り、そんな装置を駆動させていた何ものかの名である。「磯崎新の謎」展の檄文が謳っているように、

「解読はあっても解答はない」（一二六頁）のであり、双制的・鼎制的に論旨が二重三重に錯綜しつつ、ラップめいたリズミカルな断言を連ね嘯《うそぶ》いてそこを突破してゆく磯崎の騙りは、アルチュール・ランボーの言う「見者《ヴォワイヤン》」ないし「幻視者《ヴィジョネール》」の高度に明晰なヴィジョンを指し示す矢印的な言語であり、だからこそ、読者には謎々めいて迷宮的にも思えるのだが、その言語の迷宮性を憑坐《よりまし》のように身体を通して――虚階により――経験する「解読」の営みは、単純な「解答」に至る単線《リニア》的な過程ではありえず、むしろ、複線化して分岐する多様な創造行為へと発展せずにはおかないものなのである。本書を読む者は、磯崎が惜しげもなく至るところにちりばめた謎や暗号、ダイアグラムの数々を、けっしてひとつの「解答」に還元することなく、あらたな「謎」の数々へと増殖させる「投企《プロジェクト》」を構想すべきなのだ――予測可能な「ゲーム」としてではなくオープンエンドな「プレイ」として（一九九頁）。そのとき、磯崎が宿していた「デミウルゴス」は、読者ひとり一人のなかに「エイリアンのように」――あるいはＡＩという名のウイルスのように――寄生あるいは憑依することになるだろう。

初出一覧

I　見取り図
（一）『現代思想』二〇一九年四月号
（二）『現代思想』二〇一九年五月号
（三）『現代思想』二〇一九年六月号

II　双制《デュアル・システム》
（一）『現代思想』二〇一九年七月号
（二）『現代思想』二〇一九年八月号（「田能村竹田展」［大分市立美術館、二〇一八年］カタログに掲載された内容に加筆修正）
（三）『現代思想』二〇一九年九月号
（四）『現代思想』二〇一九年一〇月号
（五）『現代思想』二〇一九年一一月号

III　虚　諧
（一）『現代思想』二〇二〇年一月号
（二）『現代思想』二〇二〇年二月号
（三）『現代思想』二〇二〇年三月号
（四）『現代思想』二〇二〇年四月号

IV　鼎　制
（一）『現代思想』二〇二〇年五月号

＊本書収録にあたり、磯崎新アトリエ監修のもと一部改めた。

磯崎新

いそざき・あらた 1931–2022

建築家、都市デザイナー。1954年東京大学工学部建築学科卒業。1963年磯崎新アトリエを設立。大分県立大分図書館（アートプラザ）をはじめ、60年代に大分市に集中して実現された建築群から、90年代の国内外各地、バルセロナ、オーランド、クラコフ、岡山県奈義町、京都、奈良、ラ・コルーニャ、山口県秋吉台、ベルリンなど、そして今世紀に入り、中東、中国、中央アジアをはじめとする数多くの最新作まで、どの思想領域にも属さない個人的な思考と空間の展開でありながら、政治・社会・文化に他のどの建築家よりも深く觝触しつつ、それを建築において開示してきた。また評論や設計競技の審査を通じて、世界のラディカルな建築家たちの発想を実現に導くうえでのはかり知れない支援を果たした。半世紀を越えるその活動は、思想、美術、デザイン、音楽、映画、演劇など常に建築の枠組みを超えて、時代や他領域を交錯する問題提起を生み出している。

デミウルゴス　途上の建築《アーキテクチュア》

2023年10月12日　第1刷印刷
2023年10月30日　第1刷発行

著者　磯崎新

発行者　清水一人
発行所　青土社
〒101-0051
東京都千代田区神田神保町1-29　市瀬ビル
電話：03-3291-9831（編集）　03-3294-7829（営業）
振替：00190-7-192955

印刷・製本　双文社印刷
装幀　佐野裕哉

ISBN978-4-7917-7582-8
Printed in Japan